Ninia LaGrande

Von mir hat es das nicht!

Geschichten

W0175416

Blaulicht-Verlag

Bibliografische Information der Deutschen Bibliothek
Die Deutsche Bibliothek verzeichnet diese Publikation
in der Deutschen Nationalbibliografie; detaillierte In-
formationen sind im Internet über http://dnb.ddb.de
abrufbar.

© 2019 Blaulicht-Verlag, Helmstedt
Alle Rechte vorbehalten.
Covergestaltung: Patrick Schmitz
Lektorat: Julia Balzer

ISBN: 978-3-941552-48-7

Printed in Germany

www.blaulicht-verlag.com

Ninia Binias (*1983) lebt und arbeitet in Hannover. Sie schreibt, slammt, moderiert und podcastet – das Wort ist ihr Zuhause. Als Ninia LaGrande postet sie im Sozialen Netz weltbewegende und nicht ganz so relevante Dinge. Für ihr aktivistisches Engagement wurde Ninia bereits mehrfach ausgezeichnet. Außerdem gehört sie zum festen Ensemble der hannoverschen Lesebühne "Nachtbarden". Dieses Buch ist ein Einblick in Partner*innenschaft, Elternschaft und alles, was Liebe und Leiden schafft.

http://www.ninialagrande.de
@NiniaLaGrande

"Today I don't have to be anyone's anyone
Baby and boyfriend both away
I've got seven hours just to lie by myself
Hot tea. A book. A whole day."

(Aus: „Nobody told me" von Hollie McNish)

Inhalt:

Der Mann & Ich

Das Kind, der Mann & ich

Geschichten, die nur entfernt mit dem Mann oder Kind zu tun haben, dafür aber mit mir.

Taxi

Status: unschwanger verpaartnert

Ich fahre sehr oft Taxi. Eigentlich ständig. Weil es die schnellste Methode ist, abends sicher und gemütlich nach Hause zu kommen. Und bei diesen Fahrten treffe ich auf Fahrerinnen und Fahrer, die es mir oft leicht machen, mich vergnüglich zu fühlen. Manche nerven mich auch, aber das ist die Minderheit. In Berlin traf ich mal einen Taxifahrer, der mir innerhalb von dreißig Minuten – so lange dauerte der Weg vom Hauptbahnhof bis zu meinem Hotel – die verschiedensten Käsesorten erklärte und mir eine genaue Beschreibung der Sorten mit auf den Weg gab, die ich doch am nächsten Tag im KaDeWe kaufen sollte. Er würde kaum Geld ausgeben, erklärte er mir, eigentlich für gar nichts. Er habe eine sehr kleine Wohnung, seitdem er und seine Frau beschlossen hatten, dass sie getrennt lebend doch mehr voneinander hätten und ansonsten habe er ja auch nicht viele Möglichkeiten, Geld auszugeben, weil er immer Taxi fahre. Aber Käse, ja, also Käse sei wirklich eine Sache, für die sich das Geldausgeben richtig lohne. Er würde Menschen, die keinen Käse essen oder, noch schlimmer, nur billigen Käse kaufen würden, nicht verstehen. Käse sei das Beste auf der Welt. Ich stieg mit einer unbändigen Lust auf weichen Camembert aus dem Auto aus und hoffte bei der nächsten Fahrt nicht jemanden zu treffen, der gerne Wurst aß[1].

---

[1] Zum Zeitpunkt der Geschichte war ich Versuchs-Vegetarierin.

Als ich einmal von der Lesebühne nach Hause fuhr, bot der Taxifahrer mir als erstes ein schönes Sahnebonbon an. Kurioserweise war das erste, was ich dachte: „Keine Süßigkeiten von fremden Männern annehmen!" Und ich lehnte ab. Er ließ nicht locker, diese Bonbons seien wirklich, wirklich sehr lecker und es gäbe auch kein Problem mit dem Bonbonpapier, da er sich aus seinem letzten Coffee-to-go-Becher, tadaaa, einen kleinen Mülleimer gebastelt hätte, in dem er jetzt sein Bonbon-papier sammeln würde. Ich staunte über so viel Erfin-dergeist und nahm dann doch ein Bonbon. Es schmeckte wirklich sehr lecker. Er hielt mir stolz seinen Becher hin und ich warf das Knisterpapier hinein. Wir freuten uns beide sehr.

Einmal stieg ich mitten in der Nacht in Linden in ein Taxi und der Fahrer sagte: „Bist du nicht Ninia?" Und ich antwortete wahrheitsgemäß. Es stellte sich heraus, dass eben dieser Fahrer regelmäßiger Gast bei den Nachtbarden[2] ist und sich freute, dass er mich jetzt heimfahren konnte. Er verabschiedete sich mit „Bis nächsten Dienstag" und das freute mich fast ein biss-chen mehr als das Knisterpapier vom Sahnebonbon.

Erst vor wenigen Tagen stieg ich in ein Taxi am Haupt-bahnhof in Hannover und der Fahrer strahlte mich an: „Mausi, du siehst aber lustig aus mit deiner Mütze." Ich trug eine orangefarbene Mütze, weil ich kurz vorher noch in Köln Dreharbeiten gehabt hatte und die Mütze

---

[2] Meine regelmäßig stattfindende Lesebühne im Theater am Küchengarten in Hannover.

zu meinem Outfit gehörte. Weil die Haare nach einem Tag mit Mütze so plattgedrückt sind, wollte ich sie nicht absetzen und beim Schreiben dieses Absatzes frage ich mich selbst, warum ich mich überhaupt für eine dusselige Mütze verteidigen muss.

Der Fahrer fuhr los, aber wir kamen nicht weit, weil er mich an der ersten roten Ampel fragte, ob ich überhaupt wüsste, was ein Pindopp sei. Ich sage immer, „auf der Höhe vom Pindopp", weil die meisten Fahrer nicht wissen, wo diese klitzekleine Straße sein soll, in der ich wohne[3]. Ich verneinte, was nichts heißen muss. Da ich nicht zuhören kann, vergesse ich viele Dinge einfach wieder. Ich kann Serienfinale ohne Probleme zweimal gucken oder auch fünfmal, weil ich immer wieder vergesse, wie es ausgeht. Genauso verhält es sich bei Büchern oder Geschichten, die ich von Freundinnen erzählt bekomme. Ich bin froh, dass ich im Laufe meines Lebens zumindest nicht die grundsätzlichen Sachen vergesse: Wie man sich die Schuhe bindet, dass man nach dem Klogang spülen muss und dass diese andere Person in meiner Wohnung mein Partner ist.
Ich verneinte also, weil ich mich zumindest nicht daran erinnern konnte, was ein Pindopp ist. Der Taxifahrer sagte: „So viel Zeit muss sein." Und machte das Licht im Innenraum an. Er zog einen Block und einen Stift hervor und malte einen Pindopp. Ach, interessant, sprach ich. Das ist ja was. Ja, ich kenne dieses Teil, aber ich wusste nun wirklich nicht, dass es sich dabei um

---

[3] Das Pindopp war eine bekannte Eckkneipe in Hannovers Südstadt. RIP.

einen Pindopp handelt. Sowas. Er freute sich, dass er mir etwas beigebracht hatte und fuhr weiter. Am Aegi waren wir so eng, dass er sich nach meinem Beziehungsleben erkundigte. Ach, es laufe sehr gut, ich könne mich nicht beschweren, sagte ich. Und er freute sich, weil er das nun wirklich selten höre und sein Kollege, also der, der da vorhin gestanden habe, der lebe gerade in Trennung und die Frau könne einfach nicht loslassen. Da sei er froh, dass es bei ihm besser ginge. Er habe mal eine oder auch mehrere oder auch keine. An dieser Stelle des Gespräches hatte ich das kurze Bedürfnis auszusteigen.

Dann fragte der Taxifahrer, ob der Mann denn schon aufgeregt am Küchentisch warte. Und ich erklärte ihm, dass wir keinen Küchentisch haben, weil unsere Küche eher schlauchartig gebaut sei und auf der einen Seite Herd, Geschirrspüler und Spüle stünden und auf der anderen Seite Kühlschrank und weitere Schränke und da sei dann leider kein Platz mehr, also nein, der Mann warte nicht. Das fand der Taxifahrer nicht gut. Er beruhigte sich aber, als ich ihn auf die Uhrzeit hinwies und sagte, dass der Mann immer so früh raus müsse als Lehrer, dass das schon ok so sei. Er kenne das ja auch nicht anders. „OH GOTT, BEZIEHUNGEN MIT LEHRER*INNEN SIND SO ANSTRENGEND", rief der Taxifahrer und ich bestätigte das, vor allem, weil der Mann unerträglich klugscheißerisch ist. „Dann weck ihn nachher und frag ihn, was ein Pindopp ist!!", schlug der Taxifahrer aufgeregt vor und ich hielt das für einen unglaublich guten Vorschlag. „Oh mein Gott, ja! Dann weiß ich endlich mal mehr als er. Das wird der schönste Tag in meinem Leben!", rief ich freudig. „Keine Ursache, Mausi!", sagte der Taxifahrer und hielt vor meiner Haustür. Ich zahlte und steckte die Visitenkarte vom Taxifahrer ein, falls ich mal wieder reden wollte (und auch irgendwo hinfahren).

Ich sprang aus dem Auto, schloss die erste Tür auf, flog fast die Treppe hoch und schloss die zweite Tür auf. Dann ließ ich das Gepäck fallen und ging ins Schlafzimmer. Ich tippte auf den Schalter der Nachttischlampe und ruckelte an den Schultern des Mannes: „Hey, der Mann! Wach auf, wach auf! Weißt du was ein Pindopp ist, du weißt es bestimmt nicht, oder, aber ich weiß es, weißt du es?" Der Mann drückte ob des Lichts die Augen zusammen und schaute mich verzweifelt an. „Ein Pindopp ist ein Kinderspielzeug, wie ein Kreisel, der mit einer Art Peitsche angetrieben wird." „Ich hasse dich. Gute Nacht", antwortete ich und ging ins Badezimmer, um mich abzuschminken.

Schrebergarten

Status: verzweifelt verpaartnert

Immer, wenn ich denke, jetzt hat der Mann sich gefangen. Jetzt kann er akzeptieren, dass er ein normaler Lehrer ist, der mit einer kleinen Frau zusammenlebt, immer dann, hat er neue Ideen, die mich um den Verstand bringen. Nachdem wir letztens also in unserem Wohnzimmer herumsaßen, er wie immer Fernsehen schaute und ich wie immer twitterte, facebookte, shoppte und an meinem Weltbestseller schrieb, setzte er sich plötzlich gerade hin und räusperte sich. ‚Nein‘, dachte ich. ‚Bitte nicht schon wieder. Bitte nicht schon wieder das Schlafzimmer umräumen, im Keller einen Werkraum einrichten oder einen Seehund auf dem Balkon unterbringen. Bitte nicht.‘

„Ich habe mir übrigens was überlegt, während du weg warst.“

‚Arrrgh!‘

Das Problem hierbei ist, dass ich wirklich oft weg bin. Das ist mein Beruf. Wegsein. So würde es zumindest der Mann bezeichnen. Ich nenne es „Moderatorin und Autorin“. Aber darüber lässt sich streiten. Und immer, wenn sich nach dem Wegsein Dinge in unserer Wohnung verändert haben, bekomme ich den Vorwurf zu hören, ich solle halt nicht weg sein. Dann könnte ich ihn mehr kontrollieren. Manchmal ist es, als würde man ein Kind im Körper eines dreißigjährigen Mannes mit dem Gehirn eines Hundes zuhause zurücklassen. Das wird nicht besser, wenn ich mir in jedem zweiten Telefonat mit meiner Mutter anhören muss, wie leid ihr der Mann täte, weil ich nie zuhause sei. Ich frage mich dann immer, wo diese ganzen „Du musst dich später alleine versorgen" und „Mach immer was du willst, mein Kind"-Grundsätze hin sind.

„Pass mal auf", sagt meine Mutter, „Wenn du mal ein Kind bekommst, kannst du nicht mehr so viel herumfahren."

„Aha." Mein Interesse an Gesprächen über Kinder gleicht meinem Interesse an Gesprächen über Hämorrhoiden – es existiert nicht.

„Und, ähm, ist das ein Grund, jetzt auch nicht herumzufahren. Also ohne Kind? Und wer weiß, wie das bei mir wird. Grundsätzlich sind Kinder ja mobile Menschlein. Manchmal verlassen die sogar die Wohnung."

„Ich sage ja nur. Bereite dich schon einmal drauf vor."

Gut. Dann bereite ich mich unschwanger und ohne Pläne in diese Richtung lieber schon einmal darauf vor, dass ich, sollte dann plötzlich, aus heiterem Himmel, ein Kind in meine Arme fallen, nicht mehr die Wohnung verlassen kann.

„Und, was machst du am Wochenende?"

„Auftreten."

„Ach, der arme Mann. Was macht er denn dann?"

„Ich weiß nicht, soll ich ihn dir geben?"

Ich verstehe das nicht. Für viele Menschen in meinem Umfeld existiert ein Paar nur als Paar. Und Paare machen alles zusammen. Im Kollegium des Mannes fragte mal jemand, was seine Freundin, also ich, tun würde, während er Klausuren korrigiert. Da ich ja nicht Lehrerin sei, müsse das für mich doch total langweilig sein.

Er erzählte mir davon und alles, was ich fragte, war: „Du korrigierst zuhause Klausuren?!"

Lehrer sind grundsätzlich nur mit Lehrerinnen zusammen. Nur damit sich ein Mensch nicht sein Leben lang langweilen muss, wenn ein anderer Klausuren korrigiert. Ein eigener Wille ist in diesem Leben nicht verfügbar.

Zurück zu der Idee vom Mann. Er saß also auf dem Sofa und verkündete feierlich: „Ich habe übrigens eine Mail an einen Kleingartenverein geschrieben, um mal zu fragen, wie das so ist."
„Wie was so ist? Das beengte, von Regeln überhäufte Leben in den Käfigparzellen?"
„Nein. Wie das bei denen so ist, wenn man auch einen Schrebergarten haben möchte."
Ganz kurz herrschte eine gruselige Stille im Wohnzimmer.
„Wenn man WAS?! Auch einen Schrebergarten haben möchte?"
„Ja."
„Ich will keinen Schrebergarten."
„Aber ich."
„Aber warum?!"
Das war's. ‚Ich muss mich trennen', dachte ich. ‚Wenn Paare zu unterschiedliche Vorstellungen von ihrer zukünftigen Lebensgestaltung haben, dann kann die Beziehung nicht funktionieren. Das hatte ich vor kurzem erst gelesen. Und so ein Schrebergarten war ja schlimmer als ein Kind. Man kam zwar aus der Wohnung raus, aber dann nicht mehr aus dem Garten. Kaum hat

man die eine Hecke runtergeschnitten, glitscht am anderen Ende des Beetes eine Schnecke über den Boden. Erst nur eine, aber dann hunderte und dann muss man die alle fangen. Und während man damit beschäftigt ist, denken sich die Maulwürfe, dass man jetzt sicher gut abgelenkt sei und machen sich auf den Weg, den ganzen Garten von unten zu spazieren. Währenddessen schaut Herr Krause in Feinrippunterhemd und Badehose von vor zwanzig Jahren immer mal wieder hoffnungsvoll über den Zaun, um die Frau, in diesem Falle mich, im Bikini zu sehen. Und dann grinst er und sagt: „Na, die Kirsche müssen sie aber nochmal stutzen." Oder irgendeinen anderen gärtnerischen Quatsch, was weiß ich. Ich weiß nicht einmal, ob man Kirschen überhaupt stutzen muss.'

Ich sah mich schon frohgemut samstags um 7 Uhr aufstehen, nur um „was von diesem schönen Tag zu haben" und dann sofort in die Küche zu gehen und Kuchen zu backen. Den würde ich dann mit Schlagsahne, Keksen, Piccolöchen und anderem Schwachsinn in so einen Korb stecken, den ich der Gitte von der anderen Gartenseite abgekauft hätte, weil ihre Freundin die immer so schön selbst macht. Ich ekelte mich vor mir selbst und fühlte nur noch Entsetzen.

„Und was, was haben sie geantwortet?", fragte ich den Mann vorsichtig und strich irgendeine imaginäre Falte im Kleid flach, um die Hände nicht flehend in den Himmel erheben zu müssen.
„Noch gar nichts. Wahrscheinlich ist da eh nichts frei."

Alles in meinem Körper feierte eine riesige Party. „Ach schade. Wäre ja schön gewesen. Für dich." Sagte ich und lächelte ihn aufmunternd an.

„Ja, mal gucken. Irgendwann mal. Vorher werde ich aber erst mal das Gästezimmer streichen."

Spielplatz

Status: schon mal üben

Wenn dem Mann und mir besonders langweilig ist, begeben wir uns an öffentliche Plätze und kommentieren das Geschehen. Meistens handelt es sich bei den öffentlichen Plätzen um Orte, an denen der Mann und ich eigentlich nichts zu suchen haben. Sei es, weil wir aus peer-group-technischen Gründen dort nicht hingehören oder weil wir nicht die richtigen Accessoires dabeihaben. Spielplätze zum Beispiel. Für Spielplätze benötigt man in der Regel ein Kind. Oder mehrere. Warum sollte man sich auch ansonsten als erwachsener Mensch auf einem Spielplatz aufhalten? Darf man ja auch eigentlich gar nicht. Spielplätze sind nur für bis 12-Jährige.

Wir haben kein Kind. Irgendwann mussten wir aber mal ein bisschen Zeit vertrödeln und haben uns einfach auf eine Bank eines benachbarten Spielplatzes gesetzt. Nach intensiver Beobachtung haben wir festgestellt, dass es nicht besonders schwer war, ein Elternteil auf einem Spielplatz zu sein. Beim nächsten Mal nahm der Mann eine Zeitung mit und ich drapierte ein paar Kekse und Tupperdosen mit kleingeschnittenen Karotten um uns herum. Dann schaute ich liebevoll wahllos irgendwelche Kinder an. Der Mann senkte alle 5 Minuten seine Zeitung und rief in Richtung Rutsche: „Gisela! Bitte, das muss doch nicht sein." Oder: „Heiko! Lass das!" Gisela und Heiko waren die Namen unserer imaginären Kinder. Niemand interessierte sich für die Zwischenrufe vom Mann. Wieso auch? Die Meisten waren damit beschäftigt, selbst schlimme Kindernamen und irgendein angehängtes Verbot durch die Gegend zu brüllen.

Manchmal drehte der Mann sich zu mir und sprach: „Wenn du auch ein bisschen spielen möchtest, mach ruhig. Ich kann hier auch alleine sitzen." Dann verscheuchte ich kurz eine hilflose Lotta von der Schaukel und ließ mir von ihrem Vater einen Raketenstart geben.

Die meiste Zeit allerdings saß ich herum und beobachtete. Kinder sind tatsächlich sehr dumm. Das liegt daran, dass sie noch so jung sind. Sie denken, geformte Klumpen aus Sand seien Kuchen. Das wird ihnen natürlich durch ihre dusseligen Eltern auch noch bestätigt. An diesem Tag führten sie den Sand zum Mund und machten Geräusche des Gefallens: „Mmmh, lecker!" Danach steckte ein Kind sich den Sand komplett in den Mund und bekam ein „Ach, Sören, das isst man doch nicht wirklich, spuck aus!" zu hören. Und wirklich, wie sollte Sören das jemals lernen?

Nach mehr als drei Stunden setzte sich eine von diesen übermotivierten Müttern neben uns. Ich hatte sie dabei beobachtet, wie sie sich auf der gegenüberliegenden Seite mit zwei weiteren Eltern offensichtlich über uns unterhielt und anscheinend hatte sie das kürzeste Streichholz gezogen. Also stand sie auf, klopfte sich die Kekskrümel vom Steppmantel und lief auf ihren New-Balance-Schuhen ganz leicht zu uns herüber. „Hallo", sagte sie und lächelte uns aufmunternd an. Beziehungsweise mich. Der Mann saß ja immer noch hinter seiner Zeitung. „Hallo", antwortete ich. Und, um gleich zu zeigen, dass ich wusste, wie hier der Hase lief, schloss ich ein „und, welches ist ihres?" an. „Oh!" Sie kicherte. „Der kleine Rabauke da hinten." Sie zeigte auf irgendein Kind im Sandkasten. Es sah aus wie all die anderen Jungs. Nicht von den übrigen, der Einfachheit halber blau gekleideten, kleinen Menschen zu unterscheiden. „Oh, der ist aber besonders süß!" antwortete ich. „Danke!" Sie schien sich ehrlich zu freuen. „Ähm, und", fing sie an, „sind Sie auch mit Ihren Kindern hier?" Ich lachte laut: „Wir? Nein, um Gottes Willen. Wir haben gar keine Kinder!"

Für einen kurzen Moment schien es, als hätten alle Kinder aufgehört zu spielen, alle Eltern ihre langweilige Übergangsbeschäftigung eingestellt und gemeinsam würden sie uns anstarren. „Sie haben keine Kinder?", fragte die New-Balance-Mutter. „Nein, nein. Ich verabscheue Kinder. Ich möchte selbst niemals welche haben." Sie stutzte. „Aber, ähm, was machen Sie denn dann hier?" Ich lächelte sie an: „Wir leisten einen guten Dienst. Wir beteiligen uns an der kollektiven Erziehung unserer zukünftigen Gesellschaft."

„Wollen Sie mich verarschen?" Die Mutter hatte offensichtlich in den letzten drei Sekunden ihren guten Willen abgelegt. „Nein", antwortete ich höflich. „Indem wir ab und an erzieherische Maßnahmen in das Geschehen rufen, tragen wir doch zu der guten Entwicklung der anwesenden Kinder bei. Wir üben sozusagen ein Ehrenamt aus. Im Prinzip sollten Sie sich sogar bei uns bedanken, dass Sie nicht alles alleine machen müssen." Die Mutter starrte mich mit weit aufgerissenen

Augen an. Dann stand sie auf, nuschelte ein „Schönen Tag noch" und lief, diesmal sehr viel schneller, zurück zur gegenüberliegenden Front. Kaum hatte sie sich gesetzt, brach die Gruppe explosionsartig in sehr lautes Getuschel aus und immer wieder blickte einer von ihnen verwirrt zu uns herüber.

„Ich habe den Eindruck, dass unsere Anwesenheit hier nicht besonders geschätzt wird", sagte ich zum Mann. Dieser ließ zum letzten Mal seine Zeitung sinken. „Gisela, Heiko, kommt her – wir wollen gehen!", rief er in die Kindermenge. Dann faltete er die Zeitung zusammen, schaute mich an und sprach: „Ich denke, morgen werde ich mal wieder Straßenbahn fahren." „Das ist schön, mein Schatz", sagte ich. Dann packte ich die Tupperdosen und Kekse wieder ein und bildete mir ein, den Aufatmer von gegenüber fast hören zu können, als wir aufstanden und gingen.

Babys für die Gesellschaft II

Status: huch

Vor mehr als zwei Jahren schrieb ich über den Besuch bei der Vertretung meiner Frauenärztin. Es ist mir wichtig, hier die Vertreterin noch einmal zu erwähnen, weil meine eigentliche Frauenärztin wirklich toll ist. Sie lobt mich immer für meine Brüste. Aber das wissen Sie vielleicht schon.

In jedem Fall gerieten die andere Frauenärztin und ich ein wenig aneinander, weil sie sich sehr übergriffig verhielt und mir erklärte, dass ich ja nun in der Pflicht sei, Kinder zu bekommen, so mit dreißig Jahren, die ich mein Leben schon kinderlos vertrödelt hätte und dass das mit den Kindern eben nicht immer später möglich sei, so wie das ihrer Meinung nach die halbe Welt inzwischen handhaben würde. Ich erklärte ihr, dass es da schon sowas wie einen Zeitplan geben würde und ich wohl in zwei, drei, vier, fünf Jahren, also irgendwann sicher so etwas wie ein Kind haben wollen würde. Dass ich bis dahin aber noch ein bisschen Zeit bräuchte, um auf Bühnen Texte über meine Abscheu gegenüber Kindern vorzutragen, das erzählte ich ihr nicht. Überhaupt verstehe ich bis heute nicht, wie eine Ärztin, die keinerlei Background meinerseits kennt, die nicht einmal weiß, ob ich Frauen oder Männer oder beides oder keines liebe und wenn ja, ob ich jemanden zuhause hätte, der auch Feuer und Flamme für diese Baby-Idee wäre, wie so eine Ärztin mir erzählen kann, ich sollte jetzt dringend Kinder kriegen.

--- Schnitt ---

Der Mann und ich sitzen in St. Andrews in Schottland in einem Pub, beziehungsweise vor einem Pub, weil es für schottische Verhältnisse wirklich mal sehr warm ist. St. Andrews ist dafür bekannt, dass es eine Uni hat und dass sich an dieser Uni Prinz William und Kate kennengelernt haben. Prinz William hat Kunstgeschichte studiert, wie ich und das bedeutet, ich bin in Wirklichkeit vielleicht eine Prinzessin.

Auf jeden Fall gibt es in St. Andrews auch ein kleines Café, das mit einer Aufschrift dafür wirbt, dass sich genau in diesem Café William und Kate das erste und danach viele weitere Male getroffen haben. Es ist so ein kleines Alte-Damen-Café und ich finde die Vorstellung sehr witzig, dass die beiden nicht wie normale Menschen in einen Pub oder an den Strand gegangen sind, sondern eben in dieses kleine Café und dann vielleicht immer ein Stück Buttercremetorte gegessen haben.

Der Mann und ich sitzen dort und mir fällt auf, dass ich seit einigen Tagen ein komisches Verhalten an den Tag lege. Ich bin oft schlecht drauf und hatte in Edinburgh keinerlei Lust, Dinge zu kaufen. Also auch keine Kleidung. Ich habe nichts gekauft, ich bin einfach nur dem Mann hinterhergedackelt und habe gesagt, ich weiß auch nicht, das gefällt mir nicht und dieser Rotton und überhaupt. Und der Mann war ganz schockiert und hat gesagt: „Wenn du nicht bald ordentlich menstruierst, dann weiß ich auch nicht."

Und dieser Satz fällt mir wieder ein, als wir da so sitzen und ein dunkles Bier trinken. Ach ja, da war ja was, menstruieren, Moment mal. Ich hole mein Handy heraus und öffne die App. Und ja, mein Gefühl trügt mich nicht, ich wäre dran und zwar schon seit einiger Zeit. Hm, denke ich und schaue das Bier an. „Hm", sage ich und schaue den Mann an. „Weißt du, also, ich wäre schon längst dran, meine Periode meine ich, die wäre dran. Vielleicht kaufen wir gleich lieber noch einen Schwangerschaftstest." Und dann trinke ich ganz schnell das Bier aus, weil ich Angst habe, dass es mein letztes sein könnte.

In der Pharmacie überlege ich, welcher Test wohl zuverlässiger ist, der für 3 Pfund oder der für 8 Pfund und dann denke ich, das ist ja wohl Quatsch, die testen beide mein Pipi, was soll da schon anderes rauskommen und nehme den für 8 Pfund, nur zur Sicherheit. Wir übernachten im Studentenwohnheim. Das macht man so als Tourist*in in St. Andrews. Man schläft in viel zu kleinen Zimmerchen, die nicht eingerichtet sind, aber einen kleinen Fernseher haben und in die in ein paar Wochen dann wieder die Studierenden einziehen. Ich bin ein bisschen angetrunken von diesem dunklen Bier und stehe im Badezimmer herum. Ich mache das nicht zum ersten Mal, aber jetzt ist es doch irgendwie aufregender, weil ich wir es ja drauf angelegt haben, es wäre ja Absicht, wenn da jetzt wirklich... aber nein, das kann nicht sein.

Wenige Minuten später sind da zwei rosa-farbene Streifen auf dem teuren Teststreifen und ich sage zum

Mann: „Huch." Mehr sage ich nicht. Dann halte ich ihm den Test hin. „Oh", sagt er, „also, das würde ich jetzt doch als aufregend bezeichnen." Und im Hintergrund jubelt das Rätsel-Pärchen einer Quizshow auf Channel 5 stellvertretend für uns.

Ich bin jetzt sehr aufgeregt und leider immer noch angetrunken, das geht ja nicht sofort weg. Ich mache mir deswegen Sorgen und sehe mich schon in vierzehn Jahren mein völlig verwahrlostes, betrunkenes Kind von der Polizeiwache abholen, nur weil es zu früh an dieses Zeug gewöhnt wurde.

Dann fange ich an, zu überlegen, was wir jetzt alles kaufen müssen. Ein Bett und eine passende Matratze und eine Spieluhr und so Schutz-Kopfhörer, damit wir das Kind mit auf Konzerte nehmen können. Ich mache im Kopf völlig unzusammenhängende Listen von Dingen, die man auf jeden Fall nicht als erstes braucht, wenn man gerade festgestellt hat, dass man schwanger ist.

Der Mann liegt immer noch da und überlegt. „Aber das ist doch was Gutes, oder?" sagt er, „das wollten wir doch?!" „Ja", sage ich, „jaja, aber jetzt, wo es ernst wird, ist es doch komisch, oder? Auf jeden Fall kann ich jetzt keinen Whiskey trinken in diesem schönen, schönen Whiskey-Land." „Du wirst es überleben", sagt der Mann, aber ich bin mir da noch nicht so sicher.

Als wir wieder zuhause sind, schaue ich mir die Eröffnungsfeier der Olympischen Spiele an. Sie wird gerade im Fernsehen wiederholt, als der Mann im Arbeitszimmer Klausuren korrigiert und ich herumsitze und dann eben dort hängenbleibe. Die Flamme wird entzündet und ich fange an zu weinen, einfach so, weil es so schön ist. Ich heule bis zum Ende durch, weil die Sportler*innen sich so freuen und immer ein Kind dabei ist, das so ein niedliches Bäumchen trägt. Alles ist sehr schön. Als der Mann ins Zimmer kommt, macht er sich über mich lustig. Ich heule sonst nie und vor allem nicht in der Öffentlichkeit meines Wohnzimmers. Höchstens, aber allerhöchstens mal im Schlafzimmer oder abschließbaren Badezimmer, schon gar nicht im Kino oder bei anderen Gelegenheiten, wo andere Leute dabei sind. Ich gelte als emotional abgestumpft, weil ich nicht so wie eine Freundin weinen kann, wenn Pikachu eine neue Attacke lernt. Kurz: Ich weine wirklich selten. Und jetzt plötzlich bei jeder Gelegenheit. Ich habe mir letztens einen wirklich kitschigen Liebesfilm angeschaut und quasi schon beim Vorspann Tränchen verdrückt, weil alles so schön sonnig aussah.

Meine Brüste werden immer größer und ich habe Angst, dass sie mir über den Kopf wachsen. Wobei das wirklich witzig aussähe. Das ist eine der Veränderung, an der der Mann sehr interessiert ist. Hier, schau mal, das ist jetzt anders runzelig und das hat eine andere Farbe, irgendwie dunkler, aber auch schön, und wow, wie schwer sie jetzt sind, nimm die mal in die Hand und ich sage, die hängen an mir dran, immer, ich weiß, wie schwer die jetzt sind.

Der Umzug wird vorbereitet, in eine Wohnung, die auch ein Kinderzimmer hat. In eine ganz große Altbau-Wohnung, bei der mich alle fragen, wen ich dafür bestochen habe und ich nur antworten kann, keine Ahnung, wir hatten Glück, ein bisschen muss man sich ja auch engagieren und die Gentrifizierung vorantreiben und dann weine ich wieder, weil ich ein schönes Poster für das zukünftige Kinderzimmer gesehen habe.

Ich esse Gurken, weil man das so macht und bin froh, dass ich nicht im Hochsommer schwanger sein werde, weil wirklich niemand weiß, wie man sich dann die Beine rasieren soll. Eigentlich ist noch gar nicht viel passiert, außer ein paar Ultraschallbilder und Herztöne und dieses verwunderte Gefühl, dass da jetzt jemand in einem wohnt und bald rauskommt und dann in der Wohnung wohnt, ohne sich vorgestellt zu haben, ohne WG-Casting, einfach so.

Ich hoffe, dass die frohe Nachricht bis zu der Vertretung der Frauenärztin durchgerungen ist. Auch, wenn ich das Baby bekommen werde, weil ich es haben will und weil es sicher furchtbar süß und sehr klug sein wird, wie der Mann und ich und nicht, weil sie gesagt hat, dass ich das muss. Und dann muss man mal schauen, was so passiert, wie sich das Baby entwickelt und welche Hobbies es haben wird. Der Mann sagt, es darf kein Hip-Hop hören, so was gäbe es zuhause nicht und ich sage, es darf auf keinen Fall Ornithologie spannend finden, solche Leute sind immer komisch und am Ende wird es ein Hip-Hop hörendes Kind mit großartigen Ornithologie-Kenntnissen und viel Streetcredibility und das ist ja dann eigentlich auch egal.

Kolumne: Baby, wo bleibst du?[4]

Status: Kugel

Jetzt können es nur noch wenige Tage sein, bis der Zwerg in meinem Bauch sich entschließen wird, auch mal draußen nach dem Rechten zu sehen. Mir geht es gut. Ich gehöre zu den glücklichen Menschen, deren Schwangerschaft komplett problemlos verlaufen ist. Ich kann mir sogar in der 40. Schwangerschaftswoche immer noch die Schuhe alleine anziehen. Und vor kurzem habe ich mir sogar selbst die Fußnägel lackiert – es glich einer kleinen Leistungssporteinheit, aber ich war danach sehr stolz auf mich!

Selbst der Mann ist jetzt ein bisschen aufgeregt. Wenn ich mich mit einem Stöhnen auf das Sofa fallen lasse, schaut er mich wie ein aufgeschrecktes Reh an und ruft: „Geht es los?" Verwirrt schaue ich zurück: „Was geht los?" „Die Wehen!" „Nein, ich bin nur froh zu sitzen..." Ab sofort darf ich zuhause keine verdächtigen Geräusche mehr machen.

Dafür probiere ich mich durch alle Tipps und Tricks, die die Wehen auslösen könnten. Ich esse sehr viel Ananas. Normalerweise pule ich diese Frucht, die aussieht wie eine misslungene 80er-Jahre-Frisur, von allem runter, was mir vorgesetzt wird. Jetzt schaufele ich sie

---

[4] Alle Kolumnen in diesem Buch sind bereits bei zahlreichen Tageszeitungen des RND (Redaktionsnetzwerk Deutschland) erschienen.

in mich hinein, in der Hoffnung, sie würde dort unten irgendwas beschleunigen. Ich bade, trinke Himbeerblättertee, selbst für Akupunktur bin ich mir nicht zu schade. Aber: Außer fröhlichen Bewegungen im Bauch passiert hier rein gar nichts.

Jeden Tag denken Menschen an mich. Manche fragen einfach direkt: „Ist es schon da?" Andere versuchen es über das Hintertürchen: „Naaa, wie geht's denn so?" Und ich kann immer nur antworten: „Gut. Ich warte." Und dann raten sie mir, unendlich viel zu schlafen oder lauter Dinge zu tun, die sie gerade nicht tun können, weil sie keine Zeit dafür haben. Das ist nett. Allerdings ist das mit dem Schlafen und einem 40-Wochen-Bauch, der so sehr auf die Blase drückt, dass ich mindestens viermal pro Nacht auf die Toilette wanken muss, nicht besonders einfach. Und ansonsten habe ich in den letzten Wochen alles, aber auch alles an schönen Dingen gemacht, die man so machen kann. Ich habe mehr Bücher gelesen als im gesamten letzten Jahr. Ich war im Kino und im Museum. Ich habe einfach nur rumgelegen und die Sekunden gezählt. Es reicht jetzt. Mir ist unfassbar langweilig. Das Baby kann kommen.

Geburt. Uff.

Status: Das hier ist eine Triggerwarnung für Geburtskomplikationen, Kaiserschnitt und Kindstod. Wenn ihr gerade schwanger seid und den Text trotzdem lesen möchtet, seid euch gewiss: Unser Fall ist sehr, sehr, sehr selten. So selten, dass sich die halbe Uniklinik mit ihm beschäftigt hat. Es ist also sehr, sehr unwahrscheinlich, dass es euch genauso gehen wird. Und, wenn es euch genauso geht oder ging, dann lasst euch gesagt sein: Ihr seid nicht allein. Ich weiß, wie ihr euch fühlt. Und ich hätte genau diesen Text in den Tagen nach der Geburt gebraucht.

Es ist 12:35 Uhr als ich auf das CTG-Gerät schaue und merke, dass irgendetwas nicht stimmt. Die Herztöne vom Baby fallen ungewöhnlich tief nach unten. Ich kenne das von den regelmäßigen Messungen bei der Frauenärztin – wenn es sich bewegt, können die Töne mal weg sein, aber so scheint es doch recht ungewöhnlich zu sein. Im Krankenhaus wird gerade umgebaut und die CTG-Plätze werden ausnahmsweise nicht im Schwesternzimmer überwacht. Ich kann die Entwicklung nicht einschätzen und will nicht überreagieren, deshalb überlege ich noch, die Klingel zu drücken, als eine Schwester reinkommt. Wir sagen ihr Bescheid und dann geht alles sehr, sehr schnell.

Der Mann steht hilflos in einer Ecke des Raumes, während ich mich von einer Seite auf die andere drehen soll. Eine Kinderärztin stürmt herein und alle sind sehr aufgeregt. Ich habe immer noch nicht registriert, dass das hier jetzt wirklich eine ernste Angelegenheit wird. Mehrere Menschen schieben mich vom CTG-Raum in den Kreißsaal. Dort angekommen werde ich in Sekundenschnelle ausgezogen und auf den Operationstisch gelegt. Auf einmal sind sehr viele Menschen um mich herum. Es ist ein bisschen wie bei Grey's Anatomy – nur, dass ich eigentlich keine Lust hatte, hier mal eine Hauptrolle zu spielen. Einem Arzt wird der Kittel angezogen, ich werde mit diesem orangenen Zeug eingeschmiert und alle reden wie in einer fremden Sprache. Einer von ihnen beugt sich über mich und sagt: „Ich bin Dr. Soundso, ich bin Anästhesist, keine Angst, wir machen das öfter, setzen Sie mal diese Maske auf." Und dann schlafe ich ein.

Als ich aufwache, checke ich ungefähr nichts. Ich fühle mich wie... operiert. Mir tut alles weh, ich bin müde und verwirrt. Auf jeden Fall fühle ich mich nicht wie jemand, die gerade Mutter geworden ist. Mein Kind liegt im Gebäude gegenüber. Als sie es auf die Welt geholt haben – um 12:56 Uhr (ja, das ging sehr schnell) – hat es fast nichts gemacht. Die Nabelschnur lag zweimal um seinen Hals und ich kann von Glück reden, dass ich schon in der Klinik war, als das Baby sich diese Sperenzchen ausgedacht hat. Nun liegt es in einem Kühlbettchen. Eine neue Technik, bei der die Körpertemperatur für 72 Stunden auf 33,5 Grad heruntergekühlt wird, um die möglichen Auswirkungen eines Sauerstoffmangels zu vermeiden. Es ist komplett sediert und verkabelt wie eine HiFi-Anlage. Alle Körperfunktionen werden von außen gesteuert. Der Mann zeigt mir ein Foto und ich denke: „Aha."
Die Kinderärztin erklärt mir alles, ihre Stimme wabert an mir vorbei ins Nirgendwo. Mein Bauch schmerzt wie

die Hölle. Der Mann hält meine Hand. Als ich in mein Zimmer zurückgefahren werde, schaut mich meine Zimmernachbarin verheult an und sagt: „Scheiße." Ich sage: „Aber hallo." Die Schwester sagt: „Mal gucken, wir versuchen nachher aufzustehen, vielleicht können Sie noch mit dem Rollstuhl rüberfahren." Ich denke: „Du stehst doch schon."

„Weißt du", sagt der Mann, „ich habe ja immer behauptet, alle Babys sähen gleich aus. Das stimmt nicht. Unseres ist besonders hübsch." Und da merke ich – ganz kurz und fast heimlich für mich – dass Lachen mit einer frischen Kaiserschnittnarbe kein Spaß ist. Am Abend versuche ich aufzustehen. Ich will unbedingt. Ich habe mein Kind noch nicht gesehen. So viele Menschen haben es schon gesehen, nur ich nicht. Ich habe das Gefühl, der Schwester gleich auf die Füße zu kotzen, in meinem Kopf dreht sich alles, es klappt nicht, ich kann auf keinen Fall stehen. „Es hat keinen Sinn", sagt die Schwester, „morgen schaffen Sie das."

In der Nacht denke ich darüber nach, wie ich mir die Geburt vorgestellt habe. Ich hatte eine absolut unkomplizierte Schwangerschaft. Alles, was man haben kann, hatte ich nicht. Ich habe mich kein einziges Mal übergeben, konnte bis zum Schluss meine Schuhe selbst binden und hatte kein Wasser in den Füßen. Ich fühlte mich rundum weiblich, rund und fantastisch. Alle Bedenken, die andere wegen meiner Körpergröße hatten, lösten sich in Luft auf. Ich war eine glückliche Frau, die sehr viel Kuchen aß. Ich dachte, eine Wassergeburt wäre vielleicht was Tolles. Ich war sogar vorher in der

Klinik, um abzuklären, dass eine vaginale Geburt auch mit meiner Größe kein Problem sei. Ich hatte dieses Bild im Kopf, wie der Mann neben mir steht und vielleicht auch ein bisschen weint und das Baby auf meiner Brust und alle sind sehr glücklich. Der Klassiker. Ich war gespannt auf diese überbordende Liebe, die man doch spüren sollte und diese absolute Erschöpfung nach einer Geburt. All das hatte ich nicht.

Als ich am nächsten Tag wirklich im Rollstuhl rübergefahren werde, sehe ich mein Kind das erste Mal. Es liegt in einem Kasten und überall sind Schläuche. Auf seinen Augen ist eine kleine Schlafbrille, damit es nicht zu viele Reize bekommt und seine Hände und Füße sind unheimlich groß. Klavierspieler, vielleicht, denke ich. Ich sitze minutenlang vor dem Kasten und warte auf das Gefühl, das mir sagt, dass ich jetzt Mutter bin. Dieses Glück oder was auch immer das sein soll. Aber mein Kopf kann noch nicht zusammenbringen, dass das Würmchen in dem Kasten mein Kind ist, das Kind, was in meinem Bauch war.

Zurück in meinem Bett denke ich darüber nach, was jetzt alles passieren wird. Das ist natürlich Quatsch, weil niemand weiß, was passieren wird. Der Mann sitzt neben mir, schaut Fernsehen und hält meine Hand. Ein paar engen Freund*innen habe ich geschrieben, was passiert ist. Sie sind alle tolle Freund*innen und freuen sich über das Baby und sind gleichzeitig erschrocken und hilflos und fragen, wie es mir geht. Ich schreibe immer „gut", aber das stimmt nicht.

Vor der Geburt habe ich gedacht, dass der Mann und ich ein super Team sind. Jetzt merke ich, dass er der einzige Mensch ist, bei dem ich so sein kann wie ich bin. Wir wachsen als Paar an dieser Situation wie ich es mir vorher nicht hätte vorstellen können. Die Psychologin der Klinik, mit der wir Gespräche führen können, bemerkt genau das und sagt, dass wir uns aufeinander verlassen sollen und ganz offen sein können. Das waren wir schon immer und sind es jetzt sowieso. Sie sagt, sie empfinde besonders mich als sehr stark. Das bin ich. Vielleicht auch ein bisschen, weil ich es gerade sein muss.

Zwei Tage nach der Geburt fällt dem Baby die Schlafbrille vom Kopf und es öffnet die Augen. Ich stehe daneben und heule Rotz und Wasser. Da ist es plötzlich. Das Gefühl. Ich bin Mama. Mama von dieser Raupe, die vollgedröhnt mit Morphium vor mir liegt. Jetzt wird vielleicht alles gut, denke ich. Dann entschuldige ich mich bei der Pflegerin, dass ich weinen muss und sie lächelt nur.

Drei Tage nach der Geburt wird das Baby langsam aufgewärmt. Es bleibt noch im leichten Koma, weil es für den MRT sowieso wieder narkotisiert werden müsste. Am fünften Tag darf ich es das erste Mal in den Arm nehmen. Fünf Tage. Fünf Tage nur vor dem Bett stehen, schauen, streicheln, reden, singen, schauen. Und dann endlich, endlich in den Arm nehmen. Überall sind Schläuche, wir müssen sehr vorsichtig sein, aber da liegt es nun, in meinem Arm. Und jetzt bin ich mir auch sicher, dass das genau das Baby ist, was vorher in meinem Bauch war.

Eine Schwester sagt, sie könne dafür sorgen, dass ich noch länger auf Station bleiben darf, aber ich will nach Hause. In der eigenen Dusche duschen, im eigenen Bett schlafen, ein bisschen runterkommen. Meine Zimmernachbarin und ihr Baby dürfen auch gehen und ich will mich nicht an jemand Neues gewöhnen müssen. Zuhause besteht mein Tag aus pumpen, abkochen, in die Klinik fahren, pumpen, abkochen, schlafen. Ich habe ein schlechtes Gewissen, weil die anderen Mütter auf der Intensivstation den ganzen Tag da sind. Ich kann mit meiner Narbe nicht den ganzen Tag auf den Beinen sein, es sammelt sich schon gefährlich viel Wasser darüber und ich soll – um Himmels Willen – aufpassen, sagt die Hebamme.

Das Baby macht Fortschritte. So schnell, dass man sich kaum umgucken kann. Jeden Tag, wenn ich komme, kann es etwas Neues. Alleine atmen, mehr trinken, Hände bewegen. Die Ärzt*innen und Pfleger*innen sind fantastisch. Wir müssen nie fragen, immer ist gleich jemand da und erklärt alles. Ich kenne jeden Schlauch und kann alles zuordnen. Ich weiß, wie hoch die Sauerstoffsättigung sein muss und wie man das kleine Messgerät am Fuß wechselt. Wir werden komplett in die Versorgung eingebunden und zumindest habe ich jetzt keinen Schiss mehr, einem Baby ein Fieberthermometer in den Popo zu stecken. Einmal, als ich auf Station komme, schreit ein Baby und ich weiß, dass es meins ist, obwohl ich es vorher noch nie hab schreien hören. Da heule ich schon wieder. Es kann schreien. Wie wunderbar.

Wenn es über die Magensonde Milch bekommt, stecken wir ihm jetzt einen Schnuller in den Mund, damit es checkt, dass Nuckelbewegungen dafür sorgen, dass es satt wird. Ein schlauer Trick, der funktioniert. Dann braucht es die Sonde plötzlich nicht mehr und ein weiterer Schritt ist geschafft. Kurze Zeit später bekommt es ein blaues Haus. Das klebt über seinem Bettchen und bedeutet, dass es in den nächsten zehn Tagen entlassen wird. Zwei Wochen nach seiner Geburt soll es dann soweit sein. Dann ruft die Ärztin einen Tag früher an und sagt: „Wollen Sie ihn heute schon mitnehmen?" Und ich kann mein Glück kaum fassen. Als wir losfahren, sind wir aufgeregter als auf dem Weg in die Klinik.

Zuhause angekommen zeigt der Mann dem Baby jeden Raum und ich habe immer noch den Desinfektionsgeruch in der Nase. Und dann sind wir plötzlich eine ganz normale Familie. Eine Familie, in der die Mama in den ersten Wochen kaum schläft, weil sie immer wieder kontrolliert, ob das Kind atmet. Aber auch das beruhigt sich. Das Baby selbst entwickelt sich ganz und gar wunderbar und verzaubert ungefähr jede*n, den*die es kennenlernt.

Ich habe immer noch ein sehr großes Uff im Kopf. Ich kann keine tollen Geburtsberichte lesen, ohne sehr neidisch zu sein. Ich stoße Leute oft vor den Kopf, wenn sie locker fragen: „Und, bei der Geburt alles super?" Weil ich denke, warum fragst du das und wenn du es fragst, dann bekommst du auch die Wahrheit. Ich weine, wenn ich fiktive Geschichten lese, in denen Kinder sterben. Ich zucke bei jedem Ton zusammen, der so piept wie die Kontrollgeräte in der Klinik. Als sich herausstellt, dass das Baby eher zu den Kandidat*innen gehört, die viele, sehr viele Stunden am Stück abends schreien, um Dinge zu verarbeiten, wollte ich mir erst nicht erlauben, auch mal zuzugeben, dass das einfach unfassbar nervenaufreibend und anstrengend ist und man sich manchmal auch wünscht, dass das Baby jetzt mal für einen Abend ganz woanders sei. Weil ich dachte, ich muss glücklich sein, ständig, es ist da und es lebt und, na gut, es schreit halt, aber auch darüber muss ich mich freuen. Das muss ich nicht. Ich muss einfach nur begleiten und aushalten. Und ja, ich wollte es auch nicht glauben, aber das wird wirklich besser.

Und, wenn ich jetzt manchmal an seinem Bett sitze und es in den Schlaf begleite oder, wenn es fröhlich brabbelnd herumliegt und sich Dinge in den Mund stopft, dann sitze ich manchmal da und denke, krass, dass du das geschafft hast, Baby. Dass wir das geschafft haben. Was bist du für ein großer Kämpfer mit einem unfassbaren Dickkopf. Bleib bitte immer so. Lass dich nicht aufhalten, von gar nichts. Box dich durch. Denn das konntest du schon immer besonders gut.

Kolumne: Dreißig Minuten – ab jetzt!

Status: Normalität

Seitdem das Kind auf der Welt ist, weiß ich, wie lang dreißig Minuten sind. Sie dauern dreißig Minuten, natürlich. Aber ich weiß jetzt, was ich alles in dieser Zeit machen kann. Ich kann zum Beispiel den Trockner ausräumen, die Sachen zusammenlegen, in den Schrank räumen, gleichzeitig einen Kaffee kochen und dann noch schnell zwei Fläschchen putzen und zur Desinfektion in die Mikrowelle schieben. Wenn ich richtig schnell bin, schaffe ich es noch, Pipi zu machen.
Inzwischen erledige ich sogar meine monatliche Umsatzsteuervoranmeldung innerhalb von achtundzwanzig Minuten (immer zwei Minuten für's Pipi einplanen!). Ich kann mehrere E-Mails beantworten oder eine handelsübliche Zeitschrift zu einem Drittel lesen – inklusive Kaffee kochen. Das sind meine Möglichkeiten, die Powernaps des Babys zu nutzen. Wenn Eltern erzählen, dass ihre Kinder jeden Tag stundenlang Mittagsschlaf machen, weine ich leise in mich hinein. Dreimal am Tag eine halbe Stunde, nicht kürzer, nicht länger. Ab dem Punkt, an dem die kleine Faust langsam nach unten gesunken ist, läuft meine Zeit. Und dabei muss ich dann immer noch wie eine Elfe über unsere Dielen schweben, damit es, um Gottes Willen, nicht vom Knarzen aufwacht. Denn, es gilt: einmal aufgewacht – verloren! Gestern zum Beispiel, als das Baby auf der Schulter vom Mann einschlief, ich das Handy zur Hand nahm und dann so ein dusseliges Video aufploppte. Mit Laut-

43

stärke. Keine Chance. Kein schöner Nachmittag für niemanden von uns.

Wir können die Uhr danach stellen. Ich habe schon diverse Besucher beeindruckt, indem ich minutengenau vorhergesagt habe, wann das Kind wieder aufwacht. Das funktioniert auch im Kinderwagen und in der Trage. Zuhause oder im Café. Im Auto oder auf einer Hochzeit. Völlig egal.

Letztens hat es tatsächlich länger geschlafen. Nach fünfunddreißig Minuten fiel mir auf, dass hier irgendetwas nicht stimmt. Ich hatte plötzlich nichts mehr zu tun. Ich war komplett überfordert mit diesem Überangebot an Zeit. Musste vielleicht noch irgendwas geputzt werden? War der Geschirrspüler schon voll? Stand noch eine Mailantwort aus, vor der ich mich bis jetzt gedrückt hatte? Dann waren vierzig Minuten um und schwupps, das Baby wieder wach. Gott sei Dank!

Ein Text darüber, wo mein Kind sein könnte, wenn es gerade nicht bei mir ist.

Status: Jesus.

„Und wo ist Ihr Kind gerade?"
„Ach! Mein Kind! Gut, dass Sie das fragen. Wo ist es eigentlich? Ich weiß es gerade auch nicht so genau. Wird sich schon wiederfinden, das gute Stück. Vielleicht ist es nur unter das Sofa gerollt."

Als ich das erste Mal ohne Kind für einen Job unterwegs bin, wird mir ununterbrochen diese eine Frage gestellt: „Und wo ist Ihr Kind gerade?" Und ich weiß wirklich nicht, was ich darauf antworten soll, weil dadurch meine letzte Hoffnung zerstört wird, dass Menschen doch so etwas wie einen Verstand oder zumindest die Fähigkeit zum Nachdenken haben.

Ja, wo soll mein zehn Wochen altes Kind sein, wenn es nicht bei mir ist?

Es ist noch im Auto, ich habe es auf den Rücksitz geschnallt, aber einen kleinen Luftspalt im Fenster gelassen, denn ich bin ja kein Unmensch.
Es ist unter meiner Mütze – ich habe es handlich zusammengefaltet und dort versteckt, damit es niemand sehen kann.
Es ist im Kino, heute darf es sich sogar Popcorn und Cola kaufen.

45

Wenn ich dann antworte, dass das Kind hoffentlich immer noch da sei, wo ich es zurückgelassen habe, nämlich beim Vater, zuhause, dann ernte ich die gleichen Blicke als hätte ich gerade einen der vorangegangenen Sätze gesagt. „Na, du bist ja drauf", rutscht es einer Frau – die mich vor zwei Minuten kennengelernt hat – raus. Ja, ich bin eine richtig abgefahrene crazy Alte. Lasse das Kind einfach so beim Vater. Was fällt mir ein?

In der Zeitschrift ‚Eltern' stand letztens: „Nach zwei, drei Monaten ist auch der Vater seinem Kind so vertraut, dass ihm alle anfallenden Arbeiten wie Wickeln, Kuscheln, Spucke-Abwischen bedenkenlos anvertraut werden dürfen." Anvertraut werden dürfen. Nach drei Monaten. Als sei der Vater ein hilfloser Babysitter, den man erstmal anlernen muss. Und dann – schwupps – nach drei Monaten steht er neben dem Kind und kann plötzlich alles. So wie ich als Mutter selbstverständlich alles von Anfang an total gut und sicher mache. Davon ab, dass in dem Artikel Kuscheln als „anfallende Arbeit" bezeichnet wird, können Frauen nämlich ab dem Zeitpunkt der Geburt Spucke abwischen. Das ist ja auch nicht so einfach.

Bis jetzt hat das Kind immer noch gelebt, als ich nach Hause gekommen bin und das ist ja eigentlich das Wichtigste. Kurioserweise hat der Mann auch direkt am Anfang mitgewickelt und gekuschelt – ganz ohne Lernzeit. Ich kann's mir kaum erklären, aber vielleicht ist er auch einfach hochbegabt, was Kinder angeht. Das mit der Spucke kann er besonders gut. Da nimmt er einfach so ein Lätzchen oder ein Tuch und wischt die Spucke dann weg. Wahnsinn. Vielleicht kann er Kurse für andere Väter anbieten.

Wir haben 2017 und das ist wirklich immer noch ein Thema? Väter werden gelobt, wenn sie alleine mit einem Kind unterwegs sind. Sie machten das so gut, toll, ganz toll. Ich werde nie gelobt, wenn ich durch die Gegend schiebe oder trage. Ich werde höchstens mitleidig oder genervt angeschaut, weil mein Kind gerade Geräusche macht.

Wir haben jetzt eine Klingel am Kinderwagen, weil ganz normale Menschen zu Rehen mutieren, wenn man ihnen mit einem Kinderwagen folgt oder versucht, sie zu überholen. Sie bleiben mitten im Weg stehen und starren einen mit sehr weit aufgerissenen Augen an. Das hilft niemandem. Und es sieht scheiße aus. In der Straßenbahn oder im Bus schauen sie hilflos herum, wenn überhaupt und checken erst in letzter Sekunde, dass der Platz, auf dem sie gerade stehen, eigentlich für Leute mit Babys oder Rollstühlen vorgesehen ist.

Und das Beste, wirklich das Allerbeste, sind diese Kommentare, auf die ich mich schon während der Schwangerschaft so richtig gefreut habe. Als wir im Supermarkt stehen und das Kind im Wagen meckert, weil der Schnuller gerade rausgefallen ist, dreht sich eine alte Frau zu mir und sagt: „Na, da ist aber jemand müde, den müssen sie mal dazu bringen, dass er einschläft."

Oder der Klassiker: „Hat er vielleicht Hunger?" Immer, wenn das Baby in der Öffentlichkeit ein bisschen meckert, finden sich mindestens drei Leute, die auf die bahnbrechende Idee kommen, dass er vielleicht Hunger haben könnte. Hat schon einmal irgendeine Mutter auf diesen Vorschlag mit „Ach ja, das könnte sein, gut, dass Sie es sagen, jetzt fällt mir ein, dass ich ihn noch gar nicht gefüttert habe!" geantwortet? Nein? Ach.

Aber lassen wir das – ich muss jetzt schnellstmöglich nach Hause und meiner wirklich komplizierten und aufwändigen Arbeit nachgehen – Kuscheln bis zum Morgengrauen.

Notizen Südfrankreich

Ein Wohnmobil, so groß, dass es kaum durch unsere Straße passt. Es quetscht sich mit uns an Bord durch den Berufsverkehr von Hannover. Raus, raus, raus, nur raus aus dem Alltag, diesem schnöden Alltag, der so schnöde gerade gar nicht ist mit Baby und Elternzeit und Mann immer zuhause und ich immer zuhause und immer eine*r, der*die das Baby schuckelt. Wir werden ausgespuckt aus diesen engen Straßen rauf auf die Autobahn. Mehr Platz.

Der Mann am Steuer. Wie ein LKW-Fahrer fühlt er sich, sagt er, ein cooler LKW-Fahrer mit Sonnenbrille und ohne Namensschild, was ich ein bisschen schade finde, denn wie gut wäre es, wenn dort vorne im Fenster „Der Mann" stünde und alle wüssten: „Ah, da kommt er, der Mann!" Ich sitze hinten, damit ich besser ans Baby rankomme, wenn es das will. Es will aber gar nichts, es schläft die meiste Zeit oder unterhält sich mit Charly, seinem neuen Teddy, der neben ihm im Sitz hockt und ihn die ganze Zeit anlächelt – mehr noch als wir das jemals könnten.

Erste Station Freiburg und wir beschließen am nächsten Tag nicht bis zum Ziel durchzufahren. In Freiburg wohnt der Uropa vom Baby, also der Opa vom Mann und die Oma natürlich auch und da sitzen wir jetzt und essen Spargel mit Schinken. Da der Opa weiß, dass wir sonst keinen Schinken essen, betont er ganz oft, dass die Schweine sehr glücklich waren, die hier für uns gestorben sind. Sie lebten lange auf einem Hof in der Nähe und sprangen glücklich herum und das schmeckt man ja auch. Ja, das schmeckt man und momentan ist zumindest mir das mit dem Fleisch eh egal, weil der Eisenwert ja so wichtig ist. So wichtig. In Freiburg isst man außerdem so etwas wie Pfannkuchen zum Spargel, es heißt nur anders, es heißt Kratzede, schmeckt aber wie Pfannkuchen und passt erstaunlich gut zum Spargel. Während ich kaue, frage ich mich, ob das Babypipi dann auch so riecht, wie man eben riecht, wenn man diese Stangen gegessen hat und ich denke, dass ich das nachher unbedingt nachprüfen muss. Die Antwort ist nein.

Je näher wir Südfrankreich kommen, umso beiger werden die Häuser und umso mehr Pinien und Pappeln und all dieses Pflanzengesocks, das sich im Süden so tummelt, stehen am Wegesrand. Am Fenster ziehen Atomkraftwerke vorbei, die so aussehen als seien sie gebaut worden, als der Heiland noch übers Land zog. Graue Ungetüme, kurz vorm Zerfall, die ein gruseliges Gefühl hinterlassen und mich sofort wieder an „Die Wolke" von Gudrun Pausewang denken lassen. Wenn hier was passiert und hier passiert ja auch mal was, aber wenn hier wirklich was passiert, dann macht diese Wolke nicht vor Landesgrenzen halt. Aber Klimapolitik wäre – gerade in diesen Tagen – sowieso ein gutes Thema für einen Text, einen anderen Text vielleicht und so zähle ich die Kühltürme, die aus den Feldern wachsen.
Wir überholen einen Tiertransporter, in dem tieftraurige Schafe eng aneinander gepfercht sich fragen, wie lange diese Fahrt und ihr Leben wohl noch dauert und mir

tut das mit dem Schinken von gestern schon wieder leid.

Nach einer weiteren Zwischenstation kommen wir in Südfrankreich an, in La Tamarissière, einem Dorf, in dem ein zweihundert Jahre alter Pinienwald steht und genau in diesem Wald unter diesen Pinien, da wohnen wir jetzt für knapp zwei Wochen mit unserem superduper Mobil. Es ist warm, aber nicht so warm, dass man dolle schwitzen muss, nicht so schwül wie in Deutschland, es ist einfach nur sonnig und schön und wie immer alles besser als zuhause.

In fünf Minuten sind wir beim Strand. Ein ganz feiner Strand mit vielen Muscheln und kaum Menschen, weil ja Zwischensaison ist und außer Senioren auf E-Bikes und Menschen mit sehr kleinen Kindern niemand Zeit hat, zu verreisen. Am Strand haben wir zwanzig Meter zu jeder Seite Platz für uns. Das ist auch gut, weil unser Sonnenschirm, den wir für das Baby gekauft haben, ständig vom Wind aus seiner Verankerung gehoben und weggetragen wird. Wir sind die dummen Deutschen, die ihrem Schirm hinterherrennen bis wir auch verstehen, dass wir ihn einfach sehr tief einstellen müssen, damit der Wind nicht so eine Hebelkraft hat. Dem Kind ist das alles egal, es hockt in seiner Schale unter dem Schirm und hat ein ganz weißes Gesicht, damit wir sehen, welche Stellen der Haut wir eingecremt haben. Jede Stelle, die nicht bedeckt ist. Das Kind findet Sonne und Strand nach zehn Minuten eher öde und entscheidet sich dafür, ein bisschen zu schreien, damit wir auch was zu tun haben. Die Tage danach gehen wir nur noch abwechselnd an den Strand. Einer darf immer entspannen und sonnen und baden und die andere bespielt das Kind. Das ist auch schön.

Neben unserem Wohnmobil wohnen französische Dauercamperinnen. Zwei Frauen und ein Mädchen und ein Hund. Der Hund darf nicht mit an den Strand. Alle anderen teilen sich nicht so auf wie wir, sondern gehen immer gesammelt an den Strand, den halben Tag. Der Hund ist währenddessen im Wohnwagen eingesperrt und randaliert. Er bellt verzweifelt hohe Töne und rennt gegen das Fenster vom Wohnwagen, weil sich das leicht nach außen klappen lässt. Er passt nicht durch. Dafür aber ein Anti-Mückenspray und ein Regenschirm, die er – vermutlich aus Protest – aus dem Fenster wirft und die dort immer noch liegen als die Gruppe schon längst wieder abgereist ist. Ich muss an die Schafe denken und überlege, wie ich die Nachbarinnen auf die missliche Lage des Hundes aufmerksam machen könnte. Nicht nur im Interesse des Hundes, sondern auch in unserem, denn so ein Hund, der den ganzen Nachmittag fiepst, kann einem dann schon mal auf die Nerven gehen. „Le chien fait... le chien parapluie...“ – weiter komme ich nicht und dann bin ich verzweifelt, weil aus zwei Jahren Französisch wirklich nicht mehr übriggeblieben ist. Stattdessen fordere ich das Kind am Abend auf, jetzt mal so richtig ordentlich zu schreien, damit ich es aus der Tür halten kann und vielleicht wirft der Mann dann aus dem Hintergrund noch ein paar Sachen aus dem Mobil, aber das Kind strahlt mich nur an, weil es entdeckt hat, dass man nicht nur die ganze Faust, sondern auch einzelne Finger in den Mund nehmen kann. Der Hund bleibt also ungerettet und mir bleibt ein schlechtes Gewissen.

Weil der Mann und ich sonst jeden Tag sehr, sehr viele Kilometer laufen, wenn wir im Urlaub sind, beschließen wir, einen Spaziergang zu machen, in die Innenstadt. „Das sind hin und zurück acht Kilometer", sagt der Mann und das ist im Vergleich zu sonstigen Urlauben eine Kleinigkeit. Wir laufen los und spazieren am Fluss entlang. Überall sitzen alte Männer, die auf ihre Angeln starren, uns überholen die Fischerbote, die am Nachmittag wieder zurückkommen, immer begleitet von einer riesigen Schar Möwen, die auf einen kleinen Happen hoffen, den sie nicht selbst fangen müssen. Am Ziel unseres Spaziergangs schauen wir uns die Altstadt an, so lange bis wir keine Lust mehr haben, mit dem Kinderwagen durch die Altstadt zu laufen, also ungefähr zehn Minuten und dann essen wir einen Döner. Was für ein Ausflug.

Danach laufen wir zurück und natürlich bekommt das Kind mitten auf der Strecke Hunger und will auch nicht mehr nur herumliegen, wer will das schon und es kann ja noch nicht reden, deshalb wählt es einen anderen Weg und kackt sich einfach bis zum Hals voll. Hier, hallo, was habt ihr euch gedacht, acht Kilometer, sowas, noch ganz dicht, also ich nicht, hier habt ihr den Salat, bitteschön, seht zu. Ich packe das Kind aus und schmeiße die Kleidung einfach weg. Ich meine, ich mag braun, aber so braun und das wird auch wirklich nie wieder sauber, also weg damit. Das Kind liegt am Fluss und ich hocke davor, niemand hat jetzt noch gute Laune, aber alle sind nach wenigen Minuten zumindest wieder wohlriechend. Als der Mann mich am Ende des Urlaubs fragt, was ich am schönsten fand, sage ich, unseren Spaziergang, und meine das auch so und er fand ihn auch am schönsten und naja, das Kind kann ja, wie gesagt, noch nicht sprechen.

Ein weiteres aufregendes Abenteuer in diesem Urlaub besteht daraus, zu Passeur Paul zu gehen und auf die andere Uferseite überzusetzen. Das kostet zwei Euro und dauert dreißig Sekunden. Passeur Paul fährt den ganzen Tag zwischen den beiden Uferseiten hin und her. Auf der anderen Uferseite kann man dann auch nicht viel mehr tun als spazieren zu gehen. Aber man hat mal einen anderen Blick auf das Meer, eben von der anderen Seite, aufregend.

Und irgendwie sind zehn Tage dann doch wieder schnell rum. Man hat sich gewöhnt, ich habe mich gewöhnt, ich könnte noch weitere zehn, zwanzig, hundert Tage so leben. In einem kleinen Raum, wo draußen immer die Sonne scheint und sich alles auf diese kleine Familie konzentriert und niemand anruft und niemand Mails schreibt und ich Zeit habe, alle zwei Tage einen neuen Roman zu beginnen. Von nebenan immer der Fischgeruch des Franzosen, der mit seiner Frau am Nachmittag immer angeln geht und abends die Zubereitung zelebriert und gegenüber immer dieser Mann, der vielleicht mal Politiker werden wollte, aber jetzt nur noch Vorträge über Doraden hält, dafür aber in sehr großer Lautstärke.

Zuhause lege ich zwei Muscheln auf das Badezimmerregal und das ist dann das, was übrigbleibt, neben einem kleinen Bikinistreifen und viel Sand überall. In der Tasche und in dem Korb und im Kinderwagen. Aber den Sand, den sauge ich weg, den lege ich nicht auf's Regal, Bodenbelag als Erinnerung wäre dann doch zu viel des Guten. Dann bin ich doch irgendwie froh, wieder daheim zu sein. Das Einzige, was mir fehlen wird, sind die Betten, die wir im Wohnmobil immer so science-fiction-mäßig von der Decke herunterfahren mussten, jeden Abend. Eine Kuhle für jeden und ein Baby dazu. Vielleicht kann der Mann· wenigstens das Geräusch nachmachen, wenn wir heute ins Bett gehen. Nur für das Gefühl.

Kolumne: Gute Besserung!

Status: 39° Fieber

Hatschi! Es ist soweit. Der Mann ist eigentlich nie krank. Viren scheinen an ihm abzuprallen. Ich bin einmal im Jahr krank. Immer im Dezember. Meine Ärztin nennt es meine Jahresend-Erkältung. Die Erschöpfung kommt dann durch, sagt sie. Ich häufe ganz viel Erschöpfung an im Laufe des Jahres und dann bricht sie durch. Aber jetzt ist alles anders. Jetzt haben wir ein Kind.

„Wenn das unser Immunsystem geerbt hat, ist es nie krank", hat der Mann immer getönt. Alle Eltern um uns herum sind dem Herbst zum Opfer gefallen. Wir waren die Last-Parents-Standing. Unser Kind wird nicht krank! Aber auch das Baby mit den besten Anlagen kann sich nicht vor Schnupfen schützen. Jetzt schläft neben mir ein kleiner Rotzhaufen, der sich nachts unruhig herumwälzt, angestrengt jammert und ständig schnarcht. Ich spreche vom Baby. Der Mann schläft im Gästezimmer, weil zumindest einer durchschlafen muss, um wieder fit zu werden. Es ist ein böser Teufelskreis. Immer, wenn man denkt, jetzt ist einer von uns über den Berg, der hat es geschafft, steckt er sich wieder bei einem der restlichen Personen in dieser Wohnung an und der Spaß geht von vorne los. Das Kind ist inzwischen quasi leck. Unten verliert es sowieso unkontrolliert Flüssigkeit. Oben sabbert es jetzt nicht nur sein Kinn und seine Brust voll, sondern der Rotz läuft aus der Nase über den Mund und am Ende weiß niemand mehr, welche Flüssigkeit welche ist. Will man auch nicht wissen. Nasenputzen findet das Kind ungefähr so gut wie Jacken anziehen. Also gar nicht. Und so versuche ich den ganzen Tag das Schlimmste zu verhindern und dem Kind zu erklären, dass Schlaf gerade bei Erkältung eine tolle Sache ist.

Nachts denke ich daran, dass es wirklich unpraktisch wäre, wenn ich laut husten müsste und wie von Zauberhand kratzt es in meinem Hals und ich muss schnell aufstehen, ins Wohnzimmer laufen, husten, was trinken und mich wieder hinlegen. Ich lutsche ein Bonbon nach dem anderen und traue mich dann nicht, zu schlafen, weil ich Angst habe, an den Bonbons zu ersticken. Demnächst bestelle ich im Netz so ein Quarantäne-Zelt und dann mummeln wir uns ein bis das Kind seine Nase selbst putzen kann. Oder zumindest bis wir alle wieder gesund sind.

Wahlsonntag

Status: Frust.

Am Wahlsonntag bin ich mit dem Kind allein zu Haus. Wir stehen auf und ziehen uns besonders schöne Kleidung an. Das bedeutet, ich stehe auf, setze das Kind in seinen Hochstuhl im Bad, damit ich es im Auge behalten kann, dusche, trage das Kind ins Schlafzimmer, damit ich es im Auge behalten kann, ziehe mich an, trage das Kind wieder ins Bad, damit ich es im Auge behalten kann, schminke mich, trage das Kind in die Küche, damit ich es im Auge behalten kann, mache Frühstück, trage das Kind ins Wohnzimmer, damit... naja, Sie haben das System bestimmt verstanden. Die Kurzform also wäre, wir ziehen uns was Schönes an. Ich frühstücke in Ruhe und schaue raus in den Nieselregen. Der Himmel weint schon ein bisschen. Bei Harry Potter war ab Band sechs auch immer schlechtes Wetter, als die Todesser ins Zaubereiministerium eingezogen sind.
Ich packe das Kind in die Trage und dann marschieren wir los. Das erste Mal wählen am neuen Wohnort. Das erste Mal die Grundschule anschauen, in die das Kind vermutlich in sechs Jahren gehen wird. Es ist eine schöne Grundschule. Eine, die inklusive Bildung vorbildlich vorantreibt und einen großen Schulhof mit vielen Spielmöglichkeiten hat. „Schau mal", sage ich zum Kind, „so sieht das hier aus. Schön, oder?" Das Kind macht „Brrrr!" und ich deute das als Zustimmung. Es ist richtig was los im Wahlraum, ich muss sogar anstehen. Jetzt habe ich noch etwa drei Minuten, um mei-

ne Entscheidung zu treffen, noch nie fiel sie mir so schwer wie in diesem Jahr. Und dann, wie beim Impfen, schwupps, ist es auch schon wieder vorbei. Ich werfe meinen Zettel in die Wahltonne – warum sind das eigentlich immer Mülltonnen, soll mir das was sagen? – und bedanke mich bei den Wahlhelfer*innen. Das mache ich immer und sie finden es immer komisch.

Dann regnet es richtig und ich frage mich, ob das eine Reaktion auf meine Wahlentscheidung ist. Ich habe trotzdem keine Lust, nach Hause zu gehen und beschließe, dass ich noch einen Kaffee brauchen könnte. In der Lieblingskaffeebar treffe ich auf eine Freundin und ihren Mann. Die Freundin nimmt das Kind und ich habe eine halbe Stunde Pause. Gemeinsam laufen wir zurück und von all dem Gelaufe schläft das Kind kurz vor der Haustür ein.
Wenn ich es jetzt aus der Trage nehme, wacht es auf. Also sitze ich mit Trage im Wohnzimmer und warte darauf, dass das Kind ausgeschlafen ist. In dieser halben Stunde habe ich viel Zeit zu überlegen. Dieser Abend wird nicht gut ausgehen, das weiß ich. Letztens sprach ich mit einer anderen Freundin darüber, dass sie Angst habe, in diese Welt überhaupt Kinder zu setzen. Dass sie es nicht verantworten könne, jemanden in so eine ungewisse Zukunft zu schicken. Ich kann sie verstehen. Ein irrer Diktator im Osten und ein narzisstisches Meerschweinchen im Westen, beide mit dem Daumen am roten Knopf. Woran soll man da noch glauben?

Aber: Zukunft war und ist immer ungewiss.

Es ging vielen von uns nie besser als heute. Mein Kind ist vollgestopft mit Privilegien. Und es wurden immer Kinder geboren, selbst in den schlimmsten Zeiten haben Menschen nicht aufgehört, daran zu glauben, dass es ihre Kinder irgendwann mal besser haben könnten. Und, wenn mein Kind es mal besser haben sollte als ich, dann scheint ihm definitiv den ganzen Tag die Sonne dreifach aus dem Arsch. Und wer soll die Welt denn retten und besser machen, wenn nicht die, die nach uns kommen? Irgendwer muss die Revolution doch weiter vorantreiben.

Im Namen der Revolution binde ich mir das Kind am Nachmittag nochmal vor die Brust und gehe auf das Wein- und Jazzfest in unserem Viertel. Dort bekomme ich einen Kaffee vom Kaffeemann ausgegeben, weil ich letztens in seinem Gartenverein gelesen habe und treffe meine Nachbar*innen, mit denen ich etwas schnacke. Es ist 17:45 Uhr. „Noch die allerletzten Minuten genießen, in denen die AfD nicht im Bundestag sitzt", denke ich und beiße genussvoll in den Keks, der zum Kaffee dazugehört. Fünf Minuten später gehen das Kind und ich heim, setzen uns aufs Sofa und schalten den Fernseher an.

Uff.

Na, ich habe ja mitgerechnet, alles keine Überraschung. „Brrrr!", sagt das Kind und ich stimme zu.

Was bleibt, ist die Angst. Angst, dass nicht-weiße Menschen in meinem Freund*innenkreis und überall noch mehr Rassismus und sprachlichen wie tätlichen Angriffen ausgesetzt sein werden. Einfach, weil das jetzt salonfähiger geworden ist. Angst, dass Menschen, die im Alltag auf Hilfe angewiesen sind, diese noch schwerer bekommen als zuvor. Angst, dass wir wieder einen Backslash bei der Gleichberechtigung von Frauen erleben werden. Angst, dass sich die Situation von Alleinerziehenden, Hebammen, Pflegekräften nicht verbessern wird. Im Gegenteil.

Ziemlich viel Angst.

Doch irgendwie dreht sich die Welt in den nächsten Tagen weiter. In meinem Freund*innenkreis treten plötzlich vermehrt Menschen in Parteien ein. Alle haben das Gefühl, jetzt etwas tun zu müssen. Und auch, wenn diese Erkenntnis ziemlich spät und teilweise von Leuten kommt, die mich immer in meinem Engagement belächelt haben, finde ich das gut. Es ist nie zu spät, sich für Gerechtigkeit einzusetzen. Und ich denke an die Freundin, die jeden Tag bei Facebook mehrere Stunden verbringt, um geduldig und konstruktiv auf Facebook-Kommentare zu reagieren. Und ich denke an den Freund, der unermüdlich rassistische Aufkleber und Graffitis überklebt und übersprüht. Und ich denke an den Mann, der seiner Schüler*innen immer ein Referat halten lässt, wenn diese rassistische, antisemitische oder behindertenfeindliche Beleidigungen verwenden. Und ich denke an all die tollen Frauen, die ich im Netz kennengelernt habe und die Tag für Tag Drohungen und Gegenwind ertragen, nur um diese Welt ein bisschen besser zu machen.

Es wird nicht einfacher. Aber es wird auch nicht besser, wenn wir resignieren. Es wird nie besser, wenn man resigniert. Und seit sechseinhalb Monaten habe ich da dieses Bündel an mehr Verantwortung. Dieses kleine Menschlein, von dem ich weiß, dass es sich schon durchschlagen wird, weil es ein Kämpfer ist. Aber dem ich es vielleicht auch ein bisschen einfacher machen kann, wenn ich ein bisschen vorarbeite. Wenn wir gemeinsam ein bisschen vorarbeiten. Da sind immerhin noch diese 87 Prozent, die nicht rechtsaußen gewählt haben. Das sind doch genug, um gemeinsam was Cooles zu machen?!

Spät am Abend – das Kind schläft schon – schaue ich wieder aus dem Fenster.

There should be laughter after pain
There should be sunshine after rain
These things have always been the same

Singen „Dire Straits" und sie haben Recht.
Nur, dass das jetzt – im Gegensatz zum nicht beeinflussbaren Wetter – ziemlich anstrengend wird. Aber anstrengend können wir ja.

Schlafentzug ist Folter

Status: Gähn.

Wenn das Kind morgens aufwacht, ist es wach. Es ist „Ich brauche keinen Kaffee, ich habe gerade drei Linien Koks gezogen"-wach. Ich bin nicht wach. Ich bin so sehr nicht wach, dass mir das Kind erstmal fröhlich ins Gesicht sabbern oder schlagen muss, damit ich weiß, dass jetzt wirklich keine Chance mehr auf Weiterschlafen besteht. Schlaf ist was richtig Schönes. So schön, dass Schlafentzug als probates Folterwerkzeug gilt. Ich weiß jetzt, warum.

In den letzten 347 Tagen habe ich alle Spielarten, die man bei einer Senseo-Kaffeemaschine falsch machen kann, durch. Alle. Ich habe etwa 23 Mal auf den Knopf gedrückt, ohne dass ein Becher darunter gestanden hätte. Weitere 17 Mal habe ich zwar einen Becher hingestellt, aber keine Kaffeepads reingelegt. Heißes Wasser kann ich auch anders haben. Ich habe kein Wasser reingefüllt und mich stundenlang gewundert, ob die Maschine kaputt ist. Ich habe auf den Power-Knopf gedrückt und dann für den Kaffee wieder auf den Power-Knopf, sodass die Maschine wieder ausging und ich sehr lange wartete, bis ich gecheckt habe, dass da wohl nichts mehr kommen wird. Aber es ist ja nicht so, als könnte ich den Kaffee tatsächlich trinken, wenn ich es tatsächlich mal geschafft habe, einen zu machen. Zuletzt habe ich den Verschluss der Wasserflasche in den Kaffeebecher fallen lassen und so alles überall verteilt. Schaffe ich es, den Kaffee auf den Tisch oder ins Wohnzimmer zu bugsieren, bin ich im Anschluss so sehr mit dem Kind beschäftigt, dass der Kaffee kalt ist, wenn ich ihn endlich trinken kann. Aber was soll's, meine Ansprüche sind gesunken, Koffein ist Koffein.

Apropos Ansprüche. Sabberflecken auf Pullovern sollten nächste Saison der nächste große Hit werden. Oder mein Image als Trendsetterin ist wirklich am Ende. Früher bin ich nicht ohne Make-up irgendwohin gegangen, heute zelebriere ich den Moment, wenn ich drei Minuten Zeit habe, Augenringe unterm Concealer verschwinden zu lassen. Vielleicht drehe ich mal eines dieser YouTube-Tutorial – Morgenroutine mit Ninia.

Wachgetreten werden, Fläschchen kochen, Kind füttern, Kind wickeln, Kind wieder ins Bett legen, Licht aus, beten für noch zwei Stunden Schlaf und dann hoffen. Und dann so glücklich sein, dass das Kind doch nochmal eingeschlafen ist, dass man selbst vor lauter Glück nicht mehr schlafen kann, weil man sich ausmalt, wie schön es wäre, wenn man doch jetzt noch zwei Stunden schlafen könnt. Noch eineinhalb, du musst jetzt wirklich, noch eine, schlaf ein, schlaf ein, noch eine hal... ach nee, doch nicht. Da ist sie wieder, diese überniedliche Grinsebacke, der man aber auch gar nichts übelnehmen kann. Diese verfickte Natur mit ihren Hormonen und dem Kindchenschema.

Also weiter mit der Morgenroutine – aufstehen, Kind ausziehen, waschen, anziehen, dabei bespaßen, nochmal die Spieluhr anmachen und ach, ja, dann nimm halt diese scheiß Cremedose, wenn du wirklich damit spielen musst. Dreimal kuckkuck mit dem Handtuch und dann die neue Windel, eine frische Hose – was stimmt hier nicht? – ach, erst einen frischen Body, eine frische Hose, frische Socken – nee, bitte nicht dran ziehen – frischer Pulli. Einmal Zähne putzen, ja, das muss sein, Haare kämmen und schwupps in den Hochstuhl.

Dann selbst in Windeseile duschen, anziehen, eincremen. Nee, warte, duschen, eincremen, anziehen, so rum. Haare hochzwirbeln, den Schnuller aufheben, kurz innehalten und daran denken, dass ich früher mindestens dreißig Minuten gebraucht habe, um zu entscheiden, was ich anziehe und was davon besonders gut zusammenpasst. Rest in peace, Fashionninia.

Und, wenn der Tag so richtig gut läuft, noch schnell Abdeckstift ins Gesicht klatschen und am Ende nicht aussehen wie ein Footballspieler, der aus Versehen den falschen Stift für seine Gesichtsbalken benutzt hat.

Schmuck? HAHAHA. Vergiss es, wenn du am Abend noch leben willst und nicht weinend über dieser Goldkette sitzen möchtest, die dir deine Uroma vererbt hat und die das Kind mit Leichtigkeit zerreißen konnte.

Und dann Kaffee. Also vielleicht.

Als ich schwanger war, hatte ich so Halluzinationen von mir als Mutter mit einem Kind, das spielt oder schläft und ich sitze daneben an einem Laptop und arbeite, vor mir ein heißer Kaffee. Wenn ich jetzt den Laptop öffne, ist das Kind innerhalb von drei Sekunden neben mir und haut fröhlich auf der Tastatur rum. Stelle ich den Laptop weiter hoch und mich davor, dann hängt es an meinen Beinen und jammert ganze Symphonien, in der Hoffnung, dass ich mich entweder vom Laptop abwende oder es selbst auf dem Laptop rumhämmern darf.

Der Mann und ich sehen uns quasi nicht mehr, weil wir uns nur noch in unterschiedlichen Räumen in der Wohnung aufhalten. Einer arbeitet, einer hat das Kind. Manchmal grüßen wir uns kurz auf dem Flur.

Früher bin ich gerne mal früh aufgestanden, um noch etwas von dem Tag zu haben. Ich fühlte mich dann besonders motiviert. Heute kämpfe ich um jede Minute mehr Schlaf. Und, wenn ich dann bis 10 Uhr morgens schon alles erledigt und eingekauft habe, frage ich mich, was ich eigentlich früher alles gemacht habe, dass ich manchmal sogar diesen einen Einkauf nicht geschafft habe. Als das Kind noch ganz miniklein war, waren der Mann und ich mit Baby samstags einkaufen. Es war halb elf und ich hatte bereits das Bad geputzt, Emails beantwortet und wir waren bei den letzten Einkäufen. Ich fragte ihn, was wir eigentlich früher gemacht hätten, dass wir jetzt so effektiv sind. „Gesoffen", antwortete er. Ach ja, da war ja was, dieses andere Leben, in dem auch andere Leute auftauchten und Dinge wie soziale Interaktion oder Partys. Und die ließen eine dann auch besonders gut schlafen. So viel schlafen. Ach Schlaf, ich vermisse dich. Aber ich komme wieder. In zwölf Jahren vielleicht. Mal sehen. Bis dahin schmeckt der Kaffee ja auch kalt eigentlich ganz ok.

Haiku: Müde

Status: Kopf leer, so leer.

Müde sehr müde
So arg müde wie noch nie
Müdigkeit ahoi

Was machen wir jetzt
Schon wieder das gleiche Buch
Polizei Brumm Brumm

Hier dein Bällebad
Gut ich sammel sie schon ein
Bleib doch mal hier drin

Willst du was essen
Ach das also lieber nicht
Nein Kekse gibt's nicht

Hast du schon gekackt?
Musst du aber noch machen
Vielleicht nach dem Mahl

Jetzt aber Schlafanzug
Sag Papa lieb gute Nacht
Augen zu und durch

Müde sehr müde
So arg müde wie noch nie
Müdigkeit ahoi

Kolumne: Bist du öfter hier?

Status: Müde verpaartnert

Die Oma ist da. Wir haben das Glück, dass beide Omas tolle Omas sind, die gerne aufpassen und immer da sind, wenn wir sie brauchen. Eine der Omas ist also da und das nicht ohne Grund. Wir sollen mal ausgehen. Zu zweit. So ganz für uns. Das ist wichtig. Das sagen sie ja alle. Nehmt euch auch Zeit als Paar. Hat man ja nicht mehr, wenn man sich nur noch über die Menge der getrunkenen Milch, die Dauer des Mittagsschlafs und Farbe und Konsistenz des Stuhlgangs unterhält.

Ich bin schon zwei Tage vorher sehr aufgeregt. Was passiert, wenn das Kind plötzlich in ein Fieberdelirium fällt und wir sind nicht da? Oder, wenn es – mit knapp vier Monaten völlig unerwartet – plötzlich Zähne bekommt, alle auf einmal, an einem Abend und wir sind nicht da? Vor der Geburt habe ich mich für eine super lässige Mutter gehalten, die mit wehenden Fahnen jeden freien Abend herbeisehnt und genießen kann. Jetzt bin ich die, die der Oma – einer Kindergartenleiterin – erläutert, was man tun muss, wenn ein Kind hungrig ist.

Nachdem ich alles ungefähr fünfmal erklärt habe, können wir endlich los. Zur Sicherheit bleiben wir in unserem Viertel. Essengehen und Kino stehen auf dem Plan. Im Restaurant bestellt der Mann einen Ingwer-Drink mit Alkohol und ich ein Malzbier – gut für die Milchproduktion. Ich kann das Baby vielleicht zuhause lassen, aber aus dem Kopf bekomme ich es nicht.

Dann schweigen wir uns an. „Und", sagt der Mann irgendwann, „bist du öfter hier?" „Nee, ist ja erst neu eröffnet", sage ich. „Wärest du mein Tinder-Date, hättest du jetzt schon verloren", sagt er. „Du auch, wenn du so dumme Fragen stellst", lache ich. Was erzählt man sich, wenn man seit neun Jahren ein Paar und seit vier Monaten Eltern ist? „Das war so süß vorhin, wie er ganz vorsichtig vor sich hin gebrabbelt hat", sagt der Mann. Und dann reden wir bis zum Dessert über all die niedlichen Dinge, die das Kind so machen kann. Beim Bezahlen vibriert mein Handy: „Es schläft." Kein Fieberdelirium, keine Zähne, nur Schlaf. Alles easy. Das Baby ist genauso gechillt wie es gerne wäre. Und dann sitzen wir 120 Minuten im Kino, ohne auf das Handy zu schauen. Dafür highfiven wir am Ende und laufen dann ganz schnell nach Hause, das niedliche Kind anstarren[5].

---

[5] Wenn ich zukünftigen Eltern eine Sache empfehlen würde, dann dass sie sich genau das schenken lassen sollen: Zeit für sich. Wir haben monatlich ein Date am Wochenende ohne Kind, wenn die Oma zu Besuch ist und es ist Gold wert. Obwohl es günstig ist: Ich bin inzwischen nach einem Gin Tonic volltrunken.

Die Niedlichkeit des Kindes –
Oder: Tststststststs!

Status: Rage.

Selbstverständlich ist mein Kind das Süßeste von allen. Wie sollte es nicht? Es hat so dicke Bäckchen, in die man sehr gut reinkneifen kann und bei denen ich mich oft dabei erwische, wie ich plötzlich zu meiner eigenen Großtante werde, nur weil diese Bäckchen so verführerisch rot und rund strahlen.

Das Kind hat einen natürlichen Iro – mit Löckchen! Als würde es sagen wollen: „Hey, Rebellion ist voll wichtig – aber lass uns gerne nochmal drüber reden!" Ein geborener Punk, ein Löckchen-Punk. Es geht nicht, es rennt eigentlich nur – mit seinen kleinen Schweinshaxen, die es definitiv von seiner Mutter geerbt hat, wackelt es durch die Gegend und sammelt Steine und Zweige. Wenn man im Duden den Begriff Kindchenschema nachschlägt, dann ist daneben ein Foto vom Kind abgebildet. Ein strahlendes Beispiel. Kein Wunder also, dass alle Menschen vom Kind sehr begeistert sind. So lange es die Fassade wahrt. Wenn das Kind nämlich gerade nicht damit beschäftigt ist, nach außen übermäßig freundlich und artig wirken, dann ist es ein normales Kind. Ein anstrengendes, normales Kind, das irgendwann im letzten Jahr den Teufel verschluckt haben muss – kein Wunder, es steckt sich ja eh alles in den Mund und dieser Teufel kommt jetzt immer zum Vorschein, wenn es keine Scheibe Wurst oder einen Keks zur Belohnung für ein Lächeln gibt.

Ein Kind hat die gleichen Emotionen wie wir Erwachsenen – nur, dass diese ungefiltert nach außen dringen. Wenn ich in einer Besprechung keine Lust mehr habe, denke ich auch kurz darüber nach, mich wütend auf den Boden zu schmeißen, die Notizen vom Tisch zu fegen und sehr laut zu jammern. Ich mache das dann aber nicht, weil ich einen letzten Rest Selbstwürde habe, und auch ein bisschen Selbstkontrolle. Ich verdrehe dann die Augen und der Kollege Volker sagt dann später zu anderen nur: „Auch, wenn du es nicht glaubst, aber Ninia kann auch schlechte Laune haben." Und das bleibt übrig, vom Bedürfnis diese Besprechung lieber komplett platzen zu lassen und mich theatralisch auf den Boden zu schmeißen. Das Kind hat diese Selbstkontrolle noch nicht. Es schmeißt sich theatralisch auf den Boden. Dafür muss es nicht einmal in einer Besprechung sitzen. Es reicht, ihm eine zweite Scheibe Wurst zu verbieten. Das Spielzeugauto in die falsche Kiste zu stecken oder diesen Smoothie tatsächlich selbst trinken zu wollen. Irgendjemand muss dem Kind noch stecken, dass die Trotzphase eigentlich erst mit zwei oder drei beginnt und AUCH WIEDER AUF-HÖRT! Bei meinem Kind ist die Trotzphase eine natürliche, dauerhafte Charaktereigenschaft.

Andere Leute finden das Kind immer toll. „Ach, der ist aber niedlich! Und so artig!", sagen sie und stecken ihm Kekse in den Mund. ‚Ja, wenn Sie wüssten!', denke ich. Der weiß nur schon ganz genau, wie das mit dem Lächeln und den Keksen funktioniert. Als ich vor ein paar

Tagen im Supermarkt war, freute sich die Kassiererin und rief: „Ach, der Süße! Wie alt ist er denn jetzt?" Und ich sagte: „Knapp 17 Monate." Die Kassiererin schaute ihn an und dann mich und dann wieder ihn und sprach: „Na, aber schon ganz schön groß für sein Alter!" „Ja", antwortete ich, „von mir hat er das nicht."

Menschen verwandeln sich in komische Geschöpfe, wenn sie mit einem Kind zu tun haben. Ich auch. Ich mag Kinder eigentlich nicht. Also, ich mag sie auch nicht, wenn sie älter werden. Ich bin anderen Menschen gegenüber sehr ablehnend eingestellt. Nicht einmal eine Scheibe Wurst kann mich erweichen. Aber Kinder finde ich besonders anstrengend. Sie sind so ungefiltert. Sie sind dreckig und verschmiert und verschwitzt und es ist ihnen total egal. Sie machen Geräusche, wenn sie keine machen sollen und stecken voller Überraschungen, die ich niemals kennenlernen wollte – Stichwort Windeleimer.

Mein eigenes Kind mag ich trotzdem. Kein Wunder, es ist eine Mischung aus dem Mann und mir und das sind die einzigen Personen, mit denen ich es länger als zwei Tage am Stück gemeinsam aushalte. Meine Mutter zum Beispiel hat so ihre eigene Strategie, wenn es darum geht, das Kind zu beruhigen. Die ersten vier Monate hat das Kind pünktlich wie ein Uhrwerk ab 16:30 Uhr geschrien. Vier Stunden lang und dann ist es meist erschöpft eingeschlafen. Als meine Mutter davon hörte, sagte sie: „Ninia, Kinder schreien mal." Ok, dachte ich, du hast es nicht anders gewollt und nahm die Einladung zur Geburtstagsfeier meines Vaters an einem Nachmittag im Mai an. Um 16:20 Uhr sagte meine Mutter:

„Schau, dem geht's doch gut." Um 16:31 Uhr schuckelte sie das plärrende Kind durch den Flur und sang sehr laut irgendwelche Kinderlieder. Da schrie also das Kind und meine Mutter brüllte: „DER KUCKUCK UND DER ESEL...!" Und alle anderen saßen verzweifelt auf dem Sofa und hätten am liebsten selbst angefangen zu weinen. Um 16:35 Uhr gab sie mir ein weinendes Bündel Mensch mir zurück und sagte: „Also, na gut."

Wenn wir mit dem Kind draußen unterwegs sind, bleiben vorrangig ältere Damen gerne stehen und schauen das Kind verliebt an. Dann strecken sie ihre Hand in Richtung Kindskopf aus und reiben Daumen, Zeige- und Mittelfinger aneinander. Dazu schnalzen sie mit der Zunge, als würden sie einen Hund anlocken wollen: „Tssstststststs!" Ich erinnere mich dann immer gern an eine Geschichte, die meine Mutter mir erzählte. Als sie mich einst bei Karstadt in der Sockenabteilung anwies, hier kurz stehenzubleiben und ich kurz stehenblieb, weil ich anscheinend kein normales Kind war, sondern das tat, was meine Mutter verlangte. Ich stand also kurz da und da kam eine diese Hunde-Anlock-Frauen und machte die entsprechenden Geräusche. Ich starrte sie an bis meine Mutter zurückkam, drehte mich und fragte: „Mama, was macht die da?" Und tatsächlich würde ich diese Frage gerne heute immer noch stellen. Was machen die da? Habe ich irgendwas nicht mitbekommen und das Kind ist gar kein Kind, sondern ein Welpe? Tssstststststs! Was geht da im Kopf vor? Ich stelle mich doch dann auch nicht hin, wedele mit der Hand und mache: „Kschkschksch!", weil ich auch mit Sehschwäche noch erkennen kann, dass es sich bei den Damen nicht um verwirrte Tauben handelt.

Vor einer Woche saßen wir in einer Stube am Hintersee im Berchtesgardener Land. Wir hatten eine Wanderung hinter uns und alle drei waren kaputt und hungrig. Wir setzten uns extra rein und in eine leere Stube, damit wir niemanden störten. Denn eines lernt man mit Kind in Deutschland ganz schnell: Man stört. Immer und überall. Frauen in Deutschland sollen bitte Kinder machen, ganz viele und sich dann aber verstecken, bis diese Kinder gesittet an einem Tisch sitzen und nur noch nach Aufforderung sprechen. Zehn Minuten nach unserer Ankunft setzten sich ein alter, einsamer Mann und eine Familie mit zwei älteren Kindern in unsere Stube. Ich bin jetzt eine von diesen Müttern, die ich früher immer gehasst habe und von denen ich dachte, dass es doch bitte nicht so schwer sein kann, seinem Kind Benehmen beizubringen. Ich bin jetzt eine von diesen Müttern, die hilflos im Restaurant herumstehen und sagen: „Kommst du bitte unter dem Tisch hervor, wir wollen los?!"

Das Kind wand sich im Kindersitz und wollte lieber herumlaufen als etwas zu essen. Der Familienvater sagte zu seinen Söhnen: „Also, so laut wart ihr nicht." Und er ist immerhin auch im Alter immer noch laut genug, um die, über die er lästert, zuhören zu lassen. Ich weiß nicht, ob er seinen Söhnen Valium gegeben hat, damit diese besonders apathisch sind oder ob er nur sehr gut verdrängen kann. Aber beim besten Willen: Alle Kinder, alle, selbst die, die bei Karstadt nur mal kurz in der Sockenabteilung stehenbleiben, sind mal laut.

Der alte Mann neben uns seufzte bei jedem Mucks vom Kind merklich in sich hinein. Nach dem siebten Mal drehte ich mich zu ihm und fragte, ob er sein Asthmaspray dabeihätte. „Wie bitte? Wie unverschämt!", sagte er, „kriegen Sie lieber ihr Kind unter Kontrolle!" Und ich lächelte ihn freundlich an und sprach: „Ach, wissen Sie was, so wie Sie aussehen, müssen Sie das ja nicht mehr lange ertragen, mit diesen nervigen Kindern auf der Welt." Und dann streichelte ich dem Kind über's Haar, hob ihn aus dem Stuhl und sagte: „Hier, Spätzchen, ich glaube, der Opa dort hat es besonders gern, wenn du ihm mit deinem Spielzeugauto über den Fuß fährst."

Kolumne: Wer spielt jetzt mit mir?

Status: Zu spät.

Und plötzlich: Start im Kinderladen. Wie konnte das so schnell gehen? Und vor allem: Warum muss jetzt alles so schnell gehen? Die neue Herausforderung lautet: Ab sofort jeden Vormittag pünktlich in der Pinguin-Gruppe sein. Sollte kein Problem sein, da das Kind sehr pünktlich – spätestens um 5:30 Uhr! – sehr wach ist, aber so eine neue Tagesstruktur will doch erst eingeübt werden. Normalerweise trinke ich so viel Kaffee, dass ich die Augen halbwegs aufhalten kann und in der Zeit hat das Kind das am Abend zuvor aufgeräumte Wohnzimmer schon wieder in seinen üblichen Zustand versetzt. Dann spielen wir ein Runde im Schlafanzug. Das bedeutet, ich sitze müde und mit wirren Haaren auf dem Sofa und das Kind legt mir Bagger und Müllautos zum Reparieren vor die Füße. Irgendwann ist zumindest eine Stunde rum und ich halte die Uhrzeit für menschlich genug, um unter die Dusche zu hüpfen. Nach dem Frühstück sind wir die ersten in der Drogerie – gemeinsam mit fünf anderen Eltern, die sich wissend und müde zunicken. Wenn man aber zeitliche Verpflichtungen hat, weil das Kind auf keinen Fall den Singkreis verpassen darf, dann sieht das mit dem morgendlichen Zeitverplempern schon ganz anders aus. Plötzlich ist es schon so spät, dass für die Dusche schon keine Zeit mehr bleibt, das Brot muss auch noch geschmiert werden und wo sind eigentlich die Gummistiefel? Das Kind springt zum fünften Mal fröhlich mit einem Socken am Fuß ins Bällebad, während ich im

Flur sitze und versuche, einem Eineinhalbjährigen zu erklären, was „Wir müssen jetzt wirklich los" zu bedeuten hat. Nämlich, dass WIR JETZT WIRKLICH LOS MÜSSEN.

Und kaum sind wir da, muss ich auch schon wieder „Tschüss" sagen und behaupten, ich würde zur Arbeit gehen. Verraten Sie es ihm nicht, aber eigentlich sitze ich nur mit den anderen Ersti-Eltern im Café, hypnotisiere das Handy, damit es nicht klingelt und warte auf die ausgemachte Uhrzeit, um das Kind wieder abzuholen. Und so wird Vormittag um Vormittag die Zeit gedehnt, in der das Kind auch ohne mich spielen kann und ich auf einmal wieder Zeit habe für – ja, für was eigentlich? Was habe ich denn getan, bevor ich Playmobil-Mechanikerin wurde? Wer spielt denn jetzt mit mir?

Notizen Stralsund

Status: Brackwasser

Ostsee also. Mal durchpusten lassen. Vier Tage Salzwasser in der Nase. Moment mal. Ist die Ostsee überhaupt salzig? „Hey Siri, ist die Ostsee überhaupt salzig" – „Ich habe folgendes für dich gefunden, LaGrande". Die Ostsee besteht aus Brackwasser. Das hört sich nicht so an, als möchte ich etwas damit zu tun haben. Brackwasser. Bedeutet aber nur, dass die Ostsee eine Mischung aus Salz- und Süßwasser ist. Brackwasser also. Brackwasser in der Nase. Na gut.
Dieses Mal kein Wohnmobil, sondern die kleine Knutschkugel. Ein Nissan Micra. Mit dem Japaner ans Meer. Das Kind im Sitz hinten, daneben ich in der Rolle derjenigen, die ich am besten kann: Entertainerin. Und am Steuer der Mann – mit Wissenschaftsradiosendung aus dem Lautsprecher. Das Kind schläft und eine Stimme erzählt uns etwas über die innere Uhr. Die müssen wir nämlich umstellen an diesem Wochenende. Oder besser, die muss sich neu ausrichten, weil die andere, die äußere Uhr umgestellt wird.

Im Frühjahr stelle ich die Möbel vor die Balkontür – also wird die Uhr vorgestellt. So einfach ist das. Im Radio sagt der Moderator, man solle anrufen und von den eigenen Erfahrungen berichten und das lassen sich einsame, alleinstehende Rentner*innen nicht zweimal sagen. Sie rufen alle an und berichten von ihren Erfahrungen. „Also ich bin immer zwischen London und Deutschland gependelt, immer, und ich sage Ihnen eins, das hat mir nie etwas ausgemacht. Nie. Der Körper spielt da immer mit. Immer. Totaler Blödsinn also, Sommerzeit, Winterzeit, da soll man sich nicht beschweren. Also ich habe mich nie beschwert und ich bin immer gependelt zwischen Deutschland und London."

Der Moderator bedankt sich und fragt auch nicht mehr nach, denn es ist ja alles gesagt, er ist immer gependelt zwischen Deutschland und London. Die nächste Anruferin hat ihr eigenes System, um mit der von oben aufgelegten Zeitumstellung umzugehen. Danke Merkel. „Wenn Sie drei Tropfen Lavendelöl auf Ihr Kissen tropfen – immer in der Nacht vor der Zeitumstellung, genau um 2:34 Uhr – dann fällt es Ihnen wesentlich leichter, nach der Zeitumstellung ganz normal aufzustehen. Dabei ist es aber genauso ausschlaggebend, wo Ihr Bett steht, also, das muss ich Ihnen vermutlich nicht erklären, dass es da gute und schlechte Ecken in Ihrer Wohnung gibt. Und, dass Sie auch herausfinden müssen, wo in Ihrer Wohnung Wasseradern entlanglaufen, die sind ganz wichtig, die Wasseradern." „Oh", sagt der Moderator, „das wusste ich nicht. Ich weiß gar nicht, wie das bei mir ist." „Nein, nein, das hört man schon, dass Ihr Bett nicht richtig steht, das höre ich. Verschieben Sie es mal – oder schlafen Sie mal in einem anderen Raum. Vielleicht räuchern Sie diesen vorher aus, einfach eine Schale mit Kräutern…" „Vielen Dank!", ruft der Moderator, „leider ist unsere Zeit schon um." Und heimlich macht er sich eine weitere Kerbe neben die Zeile „Warum dieser Job?" in seinem Daily Scrab Book.

Am Schluss stehen wir dann doch im Stau. Das Kind ist nun schon länger wach und beschwert sich, dass aktuell keine LKWs neben seinem Fenster vorbeiziehen. Es zieht überhaupt nichts mehr vorbei. Wir stehen und schleichen und stehen und ich zeige mein ganzes Können. Ich singe und mache Blödsinn und Fingerspielchen. Dann gebe ich auf, ziehe einen Keks aus der Jokertasche und zeige dem Kind Videos von sich selbst. Diese findet es am besten. Kann ich verstehen, die gefallen mir auch sehr gut. Irgendwann kommen wir doch an und da sind wir dann, in einer Jugendherberge irgendwo ganz weit im Norden. Mit Meer direkt vorm Fenster und Etagenbetten für alle. „Das war's dann mit dem romantischen Osterurlaub", sage ich zum Mann und er antwortet: „Ich kann gerne oben schlafen, hehe."

Das Kind findet alles wahnsinnig aufregend. Das Reisebett, Steckdosen ohne Sicherung, den Speisesaal, die anderen Kinder im Speisesaal, besonders das Kind, von dem sich herausstellt, dass es am gleichen Tag geboren ist. Die Sitzklötze im Gemeinschaftsraum, die man so gut durch die Gegend schieben kann, die Sitzbänke, die Fernbedienungen für den Beamer und den Fernseher, die Lichtschalter auf Augenhöhe, weil alles barrierefrei ist. Alles ist so aufregend, dass das Kind direkt durchschläft, im eigenen Bett, die ganze Nacht und dann aufwacht und vermutlich denkt, huch! Und ich denke, huch! Und dann gibt es erst einmal Frühstück.

Am ersten Tag stromern wir durch Stralsund. Backstein hier und Backstein da, überall sehr viel Backstein. Die

Innenstadt ist klein, aber es ist alles da, was man braucht. Das Kind fühlt sich so wohl, dass es laut erzählt. „Lalaualalalaualalala", sagt es, auf den Rücken von Papa geschnallt und bringt jedem zum Lachen, der sich in fünfzig Meter Umkreis befindet. Und dann plötzlich ein Hafen und die Gorch Fock und Weite. So viel Weite. Und ich stehe allein an diesem Blau und atme durch. Alles wird frei bei diesem Anblick, bei diesem Moment. Ganz klar und frei und ruhig. Hier noch ein Foto vom Meer und dort noch eines von der Architektur und Kind, schau doch mal in diese Richtung, bitte nur einmal, es will nicht.

Am Abend dann ein Kind im Bett, zwei nordische Weizen auf dem Tisch und ein Buch daneben. Ich lese und lese und lese und arbeite nicht. Ich übe abschalten und übe es so lange bis der Urlaub auch schon wieder vorbei ist und ich es fast gekonnt hätte. Gegenüber Patrick. Dieser Patrick, von dem niemand genau weiß, zu wem er gehört. Ist er der Bruder von der einen oder nur ein Bekannter oder hat er einfach Anschluss gesucht und sie werden ihn jetzt nicht mehr los. Patrick bleibt bis Sonntagabend und muss dann viermal umsteigen bis er zuhause ist. Er ist 32 und findet Akademiker unnötig. Apple-Nutzer auch. Ich verstecke mein iPhone hinter meinem Rücken und überlege, von welcher nicht gemachten Ausbildung ich ihm erzählen könnte, wenn er fragt, was ich gelernt habe. Das Computerprogramm hat damals gesagt, ich solle Floristin werden. Was für mich ungefähr genauso passend ist wie Baumarktmitarbeiterin. Als er herausfindet, dass der Mann Lehrer ist, bin ich aus dem Spiel und kann durchatmen. Jetzt geht es um all die schrecklichen Lehrer*innen, die Patrick offensichtlich hatte und die seiner Meinung nach alles falsch gemacht haben und wenn alle Lehrer*innen das immer noch so machten, dann müsste sich niemand mehr wundern. Ob das noch so wäre, fragt Patrick und alles, was der Mann sagen kann, ist: „Bei mir nicht."

Zwei Abende später gehe ich schon ins gemütliche Bett und der Mann spielt noch eine Runde mit Patrick. Danach ist er davon überzeugt, dass Patrick nicht mit Familie da ist, sondern sich nur Ersatzmenschen gesucht hat. Er kennt alle Öffnungszeiten und Eintrittspreise der Museen in Stralsund und Umgebung und findet es wirklich wahnsinnig günstig, dass der Audioguide im Ozeaneum nur einen Euro kostet. Nur einen Euro. Das ist ja quasi nix, sagt Patrick.

Wir nehmen ihn trotzdem nicht. An dem Tag, an dem wir ins Ozeaneum gehen. Ein Museum über das Meer. Mit Fischen und Glaskästen und ausgestopften Möwen. Und vielen Knöpfen. So vielen Knöpfen. Das Kind will all diese Knöpfe drücken und schon bald wird das dem Mann zu anstrengend. Es geht um Tiere, die mal da waren und Müll, der jetzt da ist und den Einfluss des Menschen auf alles. Und der ist wie immer nicht gut. Natürlich wird das Becken mit den Haien und Rochen und diesen Tieren, mit denen man angeben könnte, gerade renoviert und so stehen wir vor einem matschgrünen Becken mit Titanic-Bug am Boden. „Hier ist die also gesunken", denke ich.

Zum Schluss gibt's einen Kinderspielplatz mit Geräuschequiz und das Kind drückt einfach immer auf die

Lachmöwe. Wer war das? Immer die Lachmöwe. Stimmt fast nie, ist dem Kind aber egal. So viele Knöpfe.

Und dann wandern wir an den Kreidefelsen entlang. Der Mann mit Kind auf dem Rücken und ich mit unsicheren Knien. Das Meer liegt still neben uns und ich warte auf Truman, der versucht, den nebligen Horizont zu erreichen und einfach durch die Tür zu gehen. Links von uns ist alles weiß und rechts von uns alles blau. Das Kind staunt, der Mann schwitzt und ich teste Steine mit dem Fuß und schleiche voran. Wie schön Landschaft sein kann.

Ein letztes Mal Frühstücksbuffet – mit diesem Kannenkaffee, der überall gleich schmeckt und Orangensaft, der so süß schmeckt, dass man sich wundert, dass keine ganzen Zuckerwürfel in ihm schwimmen. Mit Brot und Joghurt und Banane und einem Kind, das einem immer freundlich, aber bestimmt, angelutschte Dinge aus seinem Mund in die Hand legt und genau das haben will, was man gerade selbst isst.

Es regnet das erste Mal in vier Tagen in Strömen und wir reisen ab. Wieder Stau am Ende und wieder Anrufe im Radio – vielleicht sind es sogar die gleichen. Und dann daheim und alles ist schön, nur das Meer, das Meer fehlt dann doch ab und an, für die Klarheit und das Durchatmen und das ganz kurz mal eben alleine fühlen.

Kolumne: Bleib locker, Mutti!

Status: Sie werden so schnell groß.

Das Kind hatte Geburtstag und ist jetzt zwei Jahre alt. Zwei Jahre wohnt es schon bei uns! Ich erinnere mich, dass sie alle sagen: „Oh, das geht so schnell, warte ab, es geht so schnell!" Und wie schnell es ging. Dabei waren die ersten zwei Wochen die langsamsten meines Lebens. Nach Herzstillstand, Notkaiserschnitt und Kältetherapie war da keine glückliche Familie mit zerknautschtem Baby auf der Brust, sondern nur sehr viele Schläuche, Piepsen und Unsicherheit. Doch offensichtlich habe ich einen kleinen Superhelden geboren, der den ganzen Quatsch bestens überstanden hat und nun Flausen statt Zugänge im Kopf hat. Und ich liebe jede einzelne davon! Inzwischen stehe ich nur noch mit großem Herzklopfen neben der gefühlt riesigen Rutsche und rufe: „Jetzt rutsch bitte! Im Sitzen! Nicht an den Rand gehen!!" Dabei versuche ich, zumindest nach außen nicht allzu hysterisch zu wirken, damit das Kind all die Gefahren selbst austesten kann. Ich bin etwa mittelgut darin, nach außen nicht hysterisch zu wirken. Deshalb rutscht das Kind irgendwann, im Sitzen und wie ein Profi und beruhigt mich dann mit einem liebevollen: „Mama, eiii." Ganz nach dem Motto: Bleib locker, Mutti, ich habe schon ganz andere Dinge überstanden. Ich mochte die ersten Monate nicht besonders, weil alles sehr anstrengend und einsam und langweilig zugleich war. Wir haben jeden Tag Stunden mit einem schreienden und später vor Erschöpfung schlafenden Kind verbracht und das hatte ich mir wirklich alles anders vorgestellt. Aber vielleicht ist es auch mal wichtig, so etwas aufzuschreiben: Es wird besser. Es wird spaßig. Inzwischen ist das Kind mein Partner in crime – ein anstrengender Partner, der sich auch mal schreiend auf den Boden wirft, wenn es keine Gummibärchen mehr gibt, aber einer, mit dem ich viel mehr anfangen kann als vor eineinhalb Jahren. Ganz klar: Babys sind süß. Meistens. Aber Kleinkinder sind frech und wild und wunderbar und daher viel mehr auf meiner Wellenlänge. Außerdem bin ich, ehrlich gesagt, auch immer wütend, wenn die Gummibärchen alle sind. Und nun hoffe ich, dass dieses Kind noch ganz lange Kleinkind bleibt, am besten für immer. Aber wie sagen sie immer alle: „Es geht so schnell!"

Notizen Borkum

Status: Radfahren hassen für immer.

Schon mal ein Kind auf den Ledersesseln der ersten Klasse gewickelt? Ich jetzt schon – weil sich der Wickeltisch am anderen Ende des Zuges befindet und Kinder und erste Klasse für die Bahn offenbar nicht zusammengehören. Zumindest das Wickeln ist auch nicht gemütlicher als in der zweiten Klasse – weder für mich noch für's Kind. Ansonsten ist das aber ein schöner Luxus. Statt bakterienverseuchtes Familienabteil mit – Höchststrafe – anderen Eltern lieber im mit Sparpreisglück ergatterten Luxusvierer sitzen. Die Businesstypen, die ich gerne angeblafft hätte, wenn sie uns wegen des Kindes angeblafft hätten, fahren nicht nach Emden und so haben wir spätestens ab Bremen den ganzen Wagen für uns. Ein Traum für ein Kind mit tausend Hummeln im Hintern.

Auf dem Katamaran dann viel Seegang und viele Menschen und keine Klimaanlage und Schwitzen. Und eigentlich Mittagsschlafzeit, aber ein Kind, das alles viel zu aufregend und gleichzeitig anstrengend findet, um jetzt zu schlafen. Zehn Minuten vor dem Borkumer Hafen schläft es dann doch ein und wir verlassen als letzte das Schiff, bepackt mit riesigen Reiserucksäcken, einem Laufrad, Sandspielzeug und einem Kind auf dem Arm, das jetzt so tief schläft wie die letzten drei Tage nicht. 500 Meter bis zur Jugendherberge, der Wind weckt das Kind wieder auf, der Mann als Muli vorneweg und ich mit dem Gedanken an das Wohnmobil, das jetzt zuhause vor der Tür steht und mit dem man gar nichts mehr 500 Meter bis zu einer Jugendherberge tragen muss. Aber: Die Osterferien waren geplant, bevor wir den fahrbaren Familienzuwachs bekommen haben und hier sind wir jetzt. In einer Jugendherberge, die mal eine Kaserne war, mit alten Schießplätzen, einer Kartbahn und einem Spielplatz und ich frage mich, ob alles davon auch schon zu Soldatenzeiten vorhanden war.

Der Speisesaal als komprimiertes Real-Life-Format – sportliche Seniorenpaare, Handwerker auf der Durchreise und Eltern, viele Eltern und deren Kinder. Eine Spielecke, die verspricht, dass man den Kaffee auch mal in Ruhe austrinken kann und ein Speiseangebot, das kaum Gemüse beinhaltet und so vor allem von den drei fünften Klassen aus Hamm begeistert aufgenommen wird. Neben uns Mallorca-Jens oder jemand, der aussieht wie Mallorca-Jens. „Vielleicht ist er das", mutmaßt der Mann, „vielleicht will er einfach nicht mehr von VOX im Urlaub verfolgt werden." Mallorca-Jens, der vielleicht nicht mehr verfolgt werden will, hat eine Frau und zwei Kinder dabei, um die er sich er aber nicht schert. Die Frau redet mit den Kindern wie mit Hunden – „Pfühüü – komm her!" – und macht den älteren Jungen rund, sobald er sich bewegt. Alle irgendwie peinlich berührt, alle irgendwie mit den Gedanken, also so würde ich es nicht machen, meine Erziehung ist besser, aber wer weiß schon, was mit ihr ist, wer weiß es schon. Schnell noch einen Salat holen und sich der Beobachterinnen-Position entziehen.

Der Wind hat den Kopf so durchgepustet und als ein Mädchen über den Hof schreit „Die 5d soll ihre Helme holen!", da komme ich auf den Gedanken, Fahrräder auszuleihen. Und es ist so, dass ich mich eigentlich für klug halte, aber manchmal, manchmal kommt da so ein Blitzgedanke und bevor ich ihn richtig kontrollieren kann, habe ich ihn schon ausgesprochen und bevor ich ihn zurücknehmen kann, hat der Mann mir schon einen Strick draus gedreht. „Oh, Fahrräder, ja, gute Idee, der Bus fährt ja so selten, dann sind wir flexibler." Und ich mit der Hoffnung, dass es in meiner Größe vielleicht keines gibt, aber natürlich gibt es zahlreiche Räder für kleine Muttis aus Hannover und Anhänger für's Kind und alles, was das Herz begehrt. Also muss ich Fahrrad fahren.

Und ich bin so ein Typ, ich bin so jemand, die es dann immer gleich übertreibt. Also fahre ich 32 Kilometer Rad in zwei Tagen. Das sind 32 Kilometer mehr als in den letzten vier Jahren. Denn ich hasse Radfahren. Und, wenn ich eines in Hannover gelernt habe, dann, dass man mit dieser Meinung ziemlich alleine dasteht und alle immer mit dem Rad irgendwo hinwollen, alle immer mit dem Rad irgendwelche LiterRADtouren machen und alle ihre Kinder immer in Lastenräder pa-cken und ich einfach lieber zu Fuß laufe. Es gibt drei Gründe, warum ich Radfahren nicht verstehe:

1. Der Helm. Ich fahre, wenn ich fahre, wirklich immer mit Helm. Ich habe einfach lieber eine zerdetschte Frisur als einen zerdetschten Kopf. Ich kann meinem Kind – das jetzt schon

schneller als Jan Ullrich auf seinem Laufrad unterwegs ist (aktuell auch keine Zauberei, vermutlich) – nicht erklären, es müsste einen Helm tragen, wenn ich selbst keinen trage. Ich verstehe Menschen, die ohne Helm fahren, nicht. Ich bin die erste, die die Helmpflicht unterschreiben würde. Und, weil diese Meinung noch unpopulärer ist als Radfahren an sich zu hassen, komme ich unter Radfahrer*innen einfach nicht so richtig gut an.

2. Die Schmerzen. Für meinen Hintern gibt es keinen Sattel. Ich habe eigentlich immer gedacht, ich hätte genug Sitzfleisch, aber mein Arsch schmerzt nach jedem Kilometer. Das ist nicht bequem und nicht gemütlich und keine Ahnung, warum ihr alle das so geil findet. Nach den ersten 16 Kilometern gehe ich zum Abendessen als wäre ich nicht am Strand gewesen, sondern hätte einen Analplug ausprobiert und das ist einfach kein Gefühl, das ich beim Abendessen haben möchte. Vielleicht wird das besser mit der Zeit, das weiß ich nicht, weil ich es noch nie so lange am Stück ausprobiert habe, aber die Schmerzen motivieren mich auch nicht zum Weitermachen.

3. Das Schwitzen. Wirklich. Wieso fährt man mit dem Rad irgendwo hin, wo man sich in der Öffentlichkeit und unter Leuten bewegt und nicht gleich unter eine Dusche hüpfen kann. Beim Radfahren denkt man noch: „Ach, wie schön,

frische Luft – na gut, mein Arsch tut weh, aber hey, das soll doch so, alle finden das doch immer gut und umweltfreundlich", und dann kommt man an, steigt vom Rad und als würde jemand auf einen Knopf drücken, schießt plötzlich der Schweiß, der sich während der gesamten Tour angesammelt hat, aus allen Poren und man sieht aus wie der letzte Triathlet, der noch hinter dem Safetycar ins Ziel geschlichen ist und dann direkt zusammenbricht. Wenn ich den hannoverschen Marathon im Fernsehen anschaue und Menschen hinter der Ziellinie sabbernd zusammensacken, Krämpfe im Bein wegschütteln und vor Erschöpfung weinen, dann kann ich so mitfühlen, weil das bin ich nach drei Kilometern mit dem Rad.

Aber zurück nach Borkum und irgendwie geht's auf diesem flachen Land und mit Rückenwind und Urlaubsstimmung. Und auf einmal denke ich, vielleicht hole ich mein Rad aus dem Keller und lasse es nach vier Jahren mal frühlingsfit machen und der Mann verdreht die Augen, denn eigentlich muss er es aus dem Keller holen und weil es kein wichtiges Utensil ist, sondern eher Accessoire, steht es im Keller ganz hinten, ganz unten, dort wo die Sachen stehen, die bei einer Flut als erstes kaputtgehen dürfen. Naja, vermutlich werde ich es mir bis zur Rückkehr noch einmal überlegen.

Abends, wenn das Kind ins Bett geht, frage ich immer, was heute am schönsten war und meistens lautet die Antwort: „Käse." Es ist bescheiden. Im Urlaub kommen Fische und Eis dazu. Wenn es einschläft, erzählt es im Halbschlaf seinen Tag nochmal nach: „Oh, Wasser, weg, weg, Stein rein, oh Wasser, weg weg." Und erwähnt die wichtigsten Sachen nochmal im Flüsterton: „Käsebötchen!" Käse ist wirklich ein wichtiges Element im Leben meines Kindes.

Ich glaube, es würde überall mit uns hinfahren, Hauptsache, es gibt dort Käse.

Am vierten Tag drängelt sich eine Frau an der Essenschlange vor und sagt zum Koch: „Entschuldigung, ich komme von der falschen Seite." Und ich denke, ja, gar nicht so dumm, liebe Frau. Als das Kind für einen Schluck Wasser seinen Duplozug auf dem Spielteppich liegen lässt, kommt der Sohn der Dränglerin aus dem Nichts hervorgeschossen und stürzt sich auf den Zug. Als mein Kind zu Recht meckert, ruft er „So darf man das!" und ich denke, der Apfel fällt aber wirklich nicht weit vom Stamm. Zehn Minuten später haut das Kind dem anderen auf dem Kopf und ich kann es wirklich verstehen. Der andere bricht hollywoodgleich zusammen und jammert bei der Dränglerin auf dem Schoß: „Er hat nicht mal gefragt!" Wir sind alle vorbildlich pädagogisch und lösen die Situation und alle können wieder miteinander spielen und am nächsten Tag steht die Frau am Salatbuffet plötzlich wieder vor mir, an der „falschen Seite" und bedient sich und ich denke, scheiß doch drauf, ich hau dich auch gleich ohne zu fragen auf den Kopf.

Und dann sind die Tage auch schon wieder rum. Wir wieder auf das Schiff und in den Zug und in die Straßenbahn und endlich zuhause und das Kind im Glück mit eigenem Bett und eigenem Spielzeug und eigenem Bobbycar und beim Abendessen niemand, der von der falschen Seite kommt und der Gedanke daran, dass wir zukünftig alles nur noch nach unten vor die Haustür tragen müssen, einpacken und da dorthin fahren, wo es uns gefällt und wo niemand Duplozüge klaut. Aber das ein nächstes Mal.

Kolumne: Mein kleines Heinzelmännchen

Status: Marie Kondo.

Manchmal fragen der Mann und ich uns, woher das Kind bestimmte Anwandlungen hat. Es ist zum Beispiel sehr ordnungsliebend. Sehr ordnungsliebend! In seinen Genen kann das nicht angelegt sein, also muss es das von irgendwem gelernt haben – von uns allerdings nicht. Vielleicht wird es nachts von kleinen Heinzelmännchen besucht, die ihm zeigen, wie es in unserer Wohnung aussehen könnte, wenn seine Eltern einen Sinn und Zeit für Ordnung hätten. Und am nächsten Tag steht es auf, wundert sich vielleicht kurz, dass die Unordnung wieder da ist, leistet aber schnell Abhilfe, in dem es erst einmal alle Playmobilautos in der richtigen Reihenfolge nebeneinander im Wohnzimmer aufstellt. Wenn ich währenddessen auf dem Sofa meinen Kaffee trinke, schleicht sich der kleine Zwerg zu mir und ruft alle zwei Minuten hoffnungsfroh: „Alle??!" Und ich muss ihn ein ums andere Mal enttäuschen, bis die Tasse endlich wirklich alle ist und unverzüglich in die Küche getragen werden muss. Schokoknisterpapier oder anderer Verpackungsmüll wird ebenfalls stolz in die Küche getragen und entsprechend entsorgt – dieser Wurm weiß inzwischen besser als Mama, was in den gelben Sack gehört und was nicht. Das Beste, was diesem Kind passieren kann, ist der Piepston der Geschirrspülmaschine. Endlich wieder aufräumen! Pfannen, Teller, Tassen, Löffel – das Kind wirbelt wie ein Profi durch die Küche und räumt alles weg. Nicht ohne dabei laut „Boah!" oder „Uff!" zu rufen, wenn ein Teil besonders groß oder schwer ist. Wenn wir nur danebenstehen, fasziniert zuschauen und denken, dass sich das mit dem Kindermachen vielleicht doch lohnt, werden wir erst schräg angeschaut, bekommen dann einen Becher in die Hand gedrückt und ein lautes: „Mama, auch!" zu hören. Drücken ist nicht, hier müssen alle mit anpacken. Ich habe bereits mehrere Videos von Aufräumaktionen seitens des Kindes gedreht und gut abgespeichert. Denn ich weiß: Irgendwann ist auch die schönste Phase vorbei. Und wenn das Kind dann faul auf dem Sofa herumliegt, werde ich lächelnd danebenstehen und sagen: „Kind, auch! Schau mal, wie gerne du das früher gemacht hast!" Und vermutlich ein genervtes: „Uff!" ernten. Keine Ausreden, hier müssen alle mit anpacken.

Smalltalk

Status: Geschrumpft.

Man mag das vielleicht nicht glauben, aber in Wirklichkeit bin ich eine sehr schüchterne Person. In Gruppen bin ich überfordert mit den allgemeinen Regeln in Sachen Kommunikation. Im Dialog muss ich mich selbst daran erinnern, dem Gegenüber in die Augen zu schauen, weil man das eben so macht. Man schaut sich an, wenn man miteinander spricht. Das habe ich gelernt. Das ist eine allgemeingültige Regel – wie „in Deutschland geben wir uns die Hand und sagen unseren Namen"[6]. Obwohl ich es hasse, andere Menschen zu berühren und wenn ich meinen Namen sage, das Gegenüber gleich mit überfordert ist, aber das macht man eben so.

Es gibt Menschen, denen fällt Smalltalk sehr leicht. Obwohl ich deren Gebaren schon gar nicht mehr als Smalltalk bezeichnen würde, sondern als intime Gesprächssituation, deren Motivation aber nur von einer Seite ausgeht – nicht von mir. Von ihnen habe ich mir einige wirklich gute Gesprächseinstiege abgeschaut, die das Eis offenbar sofort schmelzen lassen.

Vor kurzem spazierte ich mit meinem fast zweijährigen Kind von der Kita nach Hause. Schon von weitem sah

---

[6] Thomas de Maizière 2017 zu seiner Vorstellung von "Deutscher Leitkultur". Wenn man sonst nichts hat, immerhin den Handschlag.

ich diese Frau, bei der mir klar war, dass sie mich jetzt gleich ansprechen würde. Woher ich das weiß? Nach fünfunddreißig Jahren als kleinwüchsige Frau und zwei Jahren als kleinwüchsige Mutter hat man das im Urin, wenn Leute gesprächsorientiert sind.

„Ach Gott", rief die alte Dame, „ist das etwa Ihr Kind?" Schöner Einstieg. Das schafft gleich Vertrauen. „Ach Gott" – was sind mein Kind und ich für ein Anblick. Da muss man sich gleich auf den Herrn berufen. Sowas. Und „etwa" – ist das ETWA Ihr Kind – so als würde sie mir das mit dem Kind nicht so richtig zutrauen, aber ist ja sonst niemand in der Nähe, dem dieses Blag gehören könnte.
„Ja", antwortete ich wahrheitsgemäß.
„Und, wie war die Geburt?"

Ok. Wow. Deep. Wie war die Geburt? Was erwartet sie jetzt? Wie gesagt, ich bin mit Smalltalk meistens überfordert. Ich versuchte, das Kind nicht auf die Straße laufen zu lassen und mich trotzdem auf die Antwort der Frage zu konzentrieren. Ich dachte darüber nach, ihr von dem Herzstillstand und der Not-Operation und den zwei Wochen Intensivstation und dem Hoffen und Bangen zu erzählen, wusste dann aber, dass sie das erstens nichts angeht und zweitens nicht wert ist und antwortete: „Och, ganz ok."

Sie schaute mich zweifelnd an. Überlegte kurz. Und sagte dann:
„Naja, vielleicht waren Sie damals ja noch größer."

Und das war – mit Abstand – die letzte Antwort, die ich erwartet hatte. Denn klar – wer von den Müttern im Saal kennt dieses Problem nicht. Irgendwoher müssen die fünfzig Zentimeter für das Kind ja auch herkommen. Einmal befruchtet und schwupps, bevor man sich versieht, wird man mit nur 1,20 Meter wieder aus dem Kreißsaal geschoben.

Diese kleinwüchsigen Menschen, die ihr manchmal auf der Straße seht – das ist keine Laune der Natur – die haben alle bloß Kinder! Einige von ihnen offensichtlich mehrere!

Was zur - ? Warum? Warum habe ich dieses Gespräch überhaupt geführt? Wer kommt auf die Idee, jemand völlig Fremden nach den Umständen der Geburt zu fragen?
„Hi na, schönes Wetter, oder – wie war eigentlich die Geburt?"
„Puh, uff, ja, richtig scheiße, also wortwörtlich und sehr viel Blut. Sehr viel Blut. Ich bin gerissen bis zum St.-Nimmerleins-Tag und war am Ende völlig orientierungslos, das Kind super knautschig und käsig, hatte ich mir anders vorgestellt, aber gut, dass heute die Sonne scheint!"

Was für eine Antwort erwarten die denn? „Ja, war richtig geil. Am liebsten jeden Tag jetzt. Geburten, kann ich empfehlen, 10 von 10, gerne wieder." Was fangen die mit der Information an? Vielleicht habe ich die Frau unterschätzt und sie ist eigentlich renommierte Wissenschaftlerin und führt zuhause eine heimliche Statistik über Geburten in Deutschland. „Hm, wieder eine, die geschrumpft ist – was lässt sich daraus ableiten?"

Was ist mit diesen Menschen los? Ich gehe doch auch nicht auf irgendwelche Leute zu, die mir komisch vorkommen und stelle Fragen, deren Antworten ich nicht hören möchte.

- „Haben Sie schon mal die SPD gewählt? Und wenn ja, warum?"
- „Entschuldigung, aber ist Ihre Darmflora eigentlich im Gleichgewicht?"
- „Guten Tag – spielen Sie gerne Mütze-Glatze?"

Diese Lady geht es weder an, ob ich mir den Po mit recyceltem Papier abwische, noch ob ich während der Geburt meines Kindes genug gelitten habe. Und leider lässt sich das Ganze nicht mit „Ach, alte Leute hauen manchmal einfach so Sachen raus" entschuldigen. Denn ich hab schon Scheiße von Menschen wirklich jeder Altersklasse gehört. Und ich möchte einfach mit niemanden von ihnen mehr sprechen.

Ich hasse Smalltalk. Ich hasse reden an sich. Und ich hasse Menschen. Bitte bleibt doch einfach alle zuhause und zieht euch Videos über anstrengende Wassergeburten kleinwüchsiger Antilopen bei YouTube[7] rein, aber lasst mich damit in Ruhe.

---

[7] https://www.youtube.com/watch?v=mP1OOVyTW0Q

Kolumne: Ziegen am Frühstückstisch

Status: Großes, rotes Auto.

Wenn Sie besonders eifrig diese Kolumne lesen, könnten Sie denken, wir würden nur in den Urlaub fahren. Das ist korrekt. Und es wird sich vermutlich in den nächsten Jahren auch nicht ändern, weil wir uns jetzt ein Wohnmobil gekauft haben. Ein alter Traum von dem Mann und mir. Was Eigenes, mit Freiheit in der Nase, Fahrtwind im Haar und verschrammten Beinen von Mückenstichen, Brennnesseln und kratzigen Strohhalmen. Die nächsten zehn Jahre werden wir also erstmal nur mit dem großen, roten Auto – wie das Kind es nennt – unterwegs sein. Vor kurzem ging es auf den ersten Testausflug. Zwei Übernachtungen auf dem Rückweg einer Konferenz, auf Bauernhöfen in Harznähe. Nicht weit weg, aber eben doch mit diesem Anflug von Urlaubsgefühl. Pferde auf der Koppel nebenan, frischen Mistgeruch in der Nase und Ziegen am Frühstückstisch, die – sehr zur Freude des Kindes – alles anknabberten, was nicht bei drei in der Hand oder im Wohnmobil war. Das Kind fütterte die Schweine, spielte Feuerwehr mit den herumliegenden Wasserschläuchen und jagte die Katze über den Hof. Und in diesen Momenten habe ich immer einen kleinen Sehnsuchtsanfall und die Idee, irgendwann doch auf dem Land leben zu wollen. Meine romantische Vorstellung vom Schaukelstuhl auf der Veranda und spielenden Enkeln im Sonnenuntergang erledigt sich recht schnell von selbst, wenn ich dann mitbekomme, wie viel Arbeit und wenig Internetempfang so ein Hof mit sich bringt und wie rar das Angebot an umliegenden Cafés, Kulturzentren und Falafelbuden ist. Aber für ein verlängertes Wochenende reicht es gerade noch, um sich kurz wie eine verwegene Hippiefamilie zu fühlen. Das ZDF sagt, Campen sei im Trend. Und zeigt ein Paar, dass sich im Minibackofen eigenes Brot backt und eine Familie mit Wohnwagen, die ihren Thermomix mitgenommen hat. Ich sage: Weicheier. Man kann das Spießertum ruhig zuhause lassen. Nudeln mit Tomatensoße tun es auch – da erledigen die Ziegen im Anschluss auch gern den Abwasch. Urlaub als Pause vom Luxus. Dem Kind gefällt das auch – so sehr, dass es zuhause gar nicht mehr aussteigen wollte, sondern lautstark forderte, lieber auf einem Tierhof statt in Linden zu parken. Wir fahren bald wieder los, versprochen!

Das Tattoo

Status: Signed.

Ich habe jetzt ein Tattoo. Das ist natürlich nicht einfach so passiert. Eine Tattookünstlerin hat es mir gestochen. Im bösen Berlin. Dort, wo alle bösen Verrohungen herkommen. Ich hab Tattoourlaub gemacht. Über Ostern bin ich mit dem Mann und meinem Arm nach Berlin gefahren. Das Tattoo sollte auf den Arm, deshalb musste er mit.

Das Tattoostudio lag an einer Hauptstraße. In Berlin liegen eigentlich alle Geschäfte an einer Hauptstraße, ich weiß gar nicht, ob es dort überhaupt Nebenstraßen gibt, ich war zumindest noch nie in einer. Selbstverständlich war das Tattoostudio im Keller. Da sind die ja immer. Der Mann und ich waren vorher noch einen Kaffee trinken und ich habe die ganze Zeit überlegt, wie sehr es wohl weh tun wird. So ein bisschen oder doch dolle oder ganz arg doll. Ich bin im Kopf Situationen durchgegangen, die sehr weh getan haben, körperlich. Wachstumsschmerzen. Davon hatte ich nicht wirklich viel. Einmal bin ich im Spanien-Urlaub die Treppe am Pool hochgefallen. Davon habe ich heute noch eine Narbe. Und ein anderes Mal ist nach zwölf Jahren Ballettunterricht meine Kniescheibe rausgesprungen. Ich habe eine Übung an der Stange gemacht, wie ich sie schon hunderte Male gemacht hatte und genau in diesem Moment hat die Kniescheibe sich gedacht ‚Nee, danke' und das wars. Das war schon sehr schmerzhaft. So, dass mir auch ein bisschen düselig wurde und ich erstmal sitzen bleiben musste. Ein Mädchen hat mir dann einen Schokoriegel gebracht, für den Zucker. Es war das Mädchen, dass immer dreißig Kilometer mit dem Rad zum Training fuhr, um schlank zu bleiben. Komisch, dass ausgerechnet die einen Schokoriegel dabeihat, dachte ich. Außerdem war es ein Lion und ich mochte eigentlich nur Twix. Ich hab ihn trotzdem gegessen.

Danach sprang meine Kniescheibe immer wieder raus, einmal angefangen, konnte sie nicht mehr damit aufhören. Bis ich zur Kniesprechstunde im Uniklinikum lief. Ja, so ist das heutzutage. Ich war letztens wegen des anderen Knies (lange Geschichte) beim Orthopäden und sagte, dass ich auch etwas an der Schulter hätte. Da schaute mich die Sprechstundenhilfe sehr böse an. So ginge das aber nicht, sagte sie, heute sei Donnerstag und donnerstags ist Kniesprechstunde. So. Und deshalb dürfe ich heute nur über das Knie sprechen.

Damals dann also wurde das eine Knie operiert. Das schlimmere von beiden. Und das war wirklich schlimm. Danach durfte ich fünf Tage nicht aufstehen und alles war noch schlimmer. Erzählen Sie es keinem, aber einmal musste ich so viel Pipi, dass die Schüssel überschwappte und die Krankenschwester alles neu beziehen musste. In dem Moment war meine Würde endgültig im Urlaub. Ganz weit weg, auf so einer einsamen Insel.

Meine Mutter holte mich aus dem Krankenhaus ab. Besonders praktisch war, dass ich direkt gegenüber vom Krankenhaus wohnte. Im dritten Stock, ohne Aufzug. Meine Mutter packte mich in einen Rollstuhl und überquerte mit mir die Straße. Dann schob sie mich sehr schwungvoll gegen den Bordstein, sodass ich fast rauskippte und direkt wieder hätte umkehren können. Wir schrien uns ein bisschen an und dann war gut. Ich robbte die Treppen zu meiner Wohnung hoch. Auf dem Hintern, alle Stufen bis in den dritten Stock. Am Ende zog die Ärztin meine Fäden und das gehört auch zu den schlimmsten Schmerzen, die ich bis jetzt hatte. ‚Also, vielleicht so wie Fädenziehen, vielleicht so, als würden mir ganz viele Fäden am Unterarm gezogen werden', dachte ich und sagte zum Mann: „Ich glaube, es wird so schlimm wie Fädenziehen." „Das wirst du ja dann sehen", sagte der Mann und hatte, wie immer, Recht.

Neben uns im Café saß ein junges Pärchen mit einem anderen jungen Pärchen. Das eine sah aus wie Geschwister und das andere hatte ein Kind. Das Geschwister-Pärchen hatte rote Haare und sehr runde Gesichter, mit ganz roten Wangen, so bayrisch-roten-ich-bin-arg-fit-Wangen. Den Liebkosungen nach zu urteilen, war es auf jeden Fall ein Pärchen. Bei dem Teil mit den Geschwistern bin ich mir nicht so sicher.

Die Eltern erzählten von ihrem Urlaub. Wobei das nicht ganz richtig ist. Sie erzählten eigentlich nur von dem, was das Kind im Urlaub gemacht hatte. Und welche Leute das Kind mochten. Alle. Alle auf Mallorca mochten das Kind. Und dann folgte eine Aufzählung, welche Kuscheltiere das Kind von welchen Mallorquinern geschenkt bekommen hatte und welche Namen diese Kuscheltiere erhalten haben. Das andere Pärchen lachte, streichelte sich über die geschwisterlichen Beine und war immer noch rot im Gesicht und auf dem Kopf.

Und dann lag ich bei der Tätowiererin auf der Liege und kam mir ein bisschen vor wie beim Arzt. Und ja, es war ungefähr so wie beim Fädenziehen. Nur mit tausend kleinen Fädchen. Es war ok. Im Gegensatz zu Dinge, die mit Käse überbacken sind essen, möchte ich das aber nicht jeden Tag machen. Am besten war es, als die Tätowiererin sagte: „So." Und ich wusste, das war's. Da waren der Mann und ich und der Arm ganz beschwingt.

Meine Mama findet es doof. Das muss sie, weil sie schon immer gegen Tattoos war und ja jetzt nicht einfach zugeben kann, dass es vielleicht doch ganz schön ist. Mein Vater hat zu meiner Mama gesagt, dass das klar gewesen sei, das sowas passiere und ich wollte gern dazwischen gehen und auf mein Alter hinweisen, weil sich die ganze Situation so entwickelte, als wäre ich noch in der Grundschule und jemand hätte mich aus Versehen auf dem Pausenhof tätowiert. Ein bisschen später schrieb mein Vater mir heimlich per Whatsapp, dass er das total gut finde, aber selbst keines habe, weil er nie Lust hatte, sich mit der Familie darüber auseinanderzusetzen. Das beschreibt meine Familie insgesamt sehr gut.

Ich möchte die Chance nutzen und erklären, dass diese Püppchen Matrjoschka heißen, manchmal auch Piroschka – je nachdem, wo man sich aufhält. Falsch sind die Bezeichnungen Babuschka und Mamuschka – Oma und Mama. Und jetzt haben Sie mit dieser Geschichte sogar etwas gelernt.

Nein, mein Arm klappert nicht, weil da noch mehr Püppchen drin sind.

Und ja, das bleibt so. Ja, für immer. Ja, auch wenn ich mal 107 bin.

Der Mann will jetzt natürlich auch. Er hat schon einen Termin. Und auch er hat seiner Mama davon am Telefon erzählt. Und nach einer kurzen Pause seufzte er und sprach: „Nein, Mama, man muss heutzutage nicht mehr im Gefängnis gewesen sein, um ein Tattoo zu haben."

Und vielleicht lasse ich mir diesen Satz auf den anderen Arm schreiben. Ich weiß ja jetzt, dass es nicht so dolle weh tut.

Notizen New York

Status: Hot, hot, hot.

Es ist heiß.
Es ist so heiß in New York.
Draußen 32 Grad und die Luft sammelt sich in den Häuserschluchten und in den U-Bahn-Stationen ein muffig-heißer Smog aus allem Dreck, den die Stadt zu bieten hat, ohne auch nur einen Hauch von Frischluft. Man sitzt oder steht und schwitzt beim Warten. Die Treppen hoch aus den Löchern sind kaum zu meistern, ohne einen Kreislaufkollaps zu erleiden. Meine Mutter lernt die Stadt in diesem Moment zu hassen.

Chinatown. Als wir aus dem U-Bahn-Schacht japsend die Oberfläche erreichen, umweht uns ein Willkommensgeruch aus Pisse und in der Mittagssonne liegenden Fischköpfen. Ordentlich aneinander gereiht warten sie auf Käufer. Direkt daneben liegen Gewürze, deren Namen ich noch nie gehört habe und irgendjemand ruft in gebrochenem Englisch Angebote durch die Straße. Wir rennen mehr als zu schlendern. Hauptsache weg. Hauptsache weg von diesem Überangebot an Sinnesreizungen. Von diesem Mehr an zu viel und zu laut.
Dann eine Tür, bewacht von zwei goldenen Löwen. An jeder Seite einer und wir dazwischen und dann da drin.

Zwei Dollar bitte, oder vielleicht auch fünf, was Sie haben, was Sie geben wollen, hier reinstecken bitte, und dann kurz andächtig schauen und bitte die Schultern bedecken, kein Problem, wir haben auch Tücher und bitte keine Fotos oder Videos, überhaupt bitte keine Geräusche oder Anwesenheitssignale, einfach schweigen, schweigen Sie und genießen Sie diesen Raum, schauen Sie nur, die größte Buddhastatue in New York und all die Spenden, wollen Sie auch was spenden, kein Problem, Sie können auch Bargeld geben, aber bitte lautlos und dann lassen Sie lieber die beten, die es ernst meinen, Dankeschön, bis zum nächsten Mal, have a good one.

Und dann, nach kurzer Zeit, werden die Häuser kleiner und die Menschen moderner und die Cafés zahlreicher und plötzlich ist man im East Village. Ein Second Hand Laden, der so muffig riecht wie all die anderen Läden, die man von überall kennt und in dem die glitzernde Strickjacke dann aber 160 Dollar kostet, einfach, damit man sagen kann, die ist aus New York. Ja, das war ganz krass, im East Village habe ich die gekauft und überhaupt, da müsstest du mal hin, die Leute alle so schön gekleidet, nicht wie hier, ganz ohne Geschmack, die wissen, was ihnen steht, noch besser ist es eigentlich nur in Williamsburg und Kopenhagen.

Jeder Stadtteil hat seinen eigenen Geruch und immer ist etwas mehr Pisse oder Müll untergemischt, im East Village ist es etwas mehr Müll. Dieser Geruch nach gelben Säcken, die schon zwei Tage zu lang auf den Straßen liegen. Es riecht nie nach nichts, sondern immer nach einem oder zwei oder hundert Leben, deren Reste auf den Asphalt geschmissen werden.

Mittags im Hotel auf Kühlschrank runterkühlen und ausruhen. Den Blick auf den Hudson-River vom 51. Stockwerk aus und immer die Frage, wie lange man wohl bräuchte, diese Treppen zu Fuß nach unten zu laufen, aber es nie auszuprobieren. Das Abendessen von gestern in der Mikrowelle und den Fernseher an. Man gewöhnt sich so schnell. Im Frühstücksraum laufen drei verschiedene Fernsehsender parallel – mit Ton und im Hintergrund singen Popsternchen im Radio von der letzten verflossenen Liebe. Es gibt etwas, das wie Käse aussieht und nichts, das wie Wurst aussieht. Irgendwelche Flakes mit skimmed Milk. Oder Waffelteig mit sehr viel Zucker zum Selbstbacken. Das Brot packt man lieber noch einmal in den Toaster, weil man es von zuhause doch anders kennt, weil man es von zuhause doch knuspriger kennt oder zumindest mit einer Rinde, die knusprig ist und nicht zerfällt, wenn der Sirup sie trifft. Der Orangensaft schmerzt in den Zähnen, so kalt ist er und es gibt geschmackloses Rührei nur aus Eiweiß für die, die gerade aus dem Fitnessraum im 35. Stockwerk kommen. Die Äpfel sind einzeln in Folie eingeschweißt. Im Supermarkt hingegen sind sie kleingeschnitten und dann wieder in Plastik verpackt. In jedem Fall sind sie überall in Plastik verpackt. Den Kaffee gibt es auch in Pappbechern, für die, die ihn nicht beim Frühstück trinken wollen, aber das macht nichts, die meisten nehmen eh lieber die Pappbecher, da hat noch keiner draus getrunken, obwohl die richtigen Becher, die aus Porzellan ja gereinigt sind, aber man kann ja nie wissen, dann ist es halt noch mehr Müll, was macht das schon.

Vieles ist kleiner als man vorher dachte. Der Central Park ist gar nicht so wie in den Filmen, sondern einfach nur ein Park mit von der Hitze verbranntem Rasen und Obdachlosen, die Zuflucht suchen. Im Park an der Uni ist es schon lebendiger und grüner und die Eichhörnchen laufen herum wie niedliche Ratten, die versuchen, etwas von deiner Pizzaecke abzubekommen. Plötzlich spielt im Hintergrund ein Jazztrio und man kommt sich dann doch ein bisschen vor wie in diesen Filmen. Es gibt unzählige Dogwalker, die mit einem oder fünf Hunden an der Leine durch den Park spazieren und dafür sorgen, dass Herrchen und Frauchen das am Abend nicht mehr selbst machen müssen. Alles wird outgesourct, weil es tagsüber eigentlich nur darum geht, diese lächerlich hohe Miete für diese lächerlich kleine Wohnung in dieser lächerlich schönen Stadt zu verdienen. Und dann aber mit Hund.

Zurück in der U-Bahn schlafen wieder die, die heute morgen zu früh aufgestanden sind, weil der Arbeitsweg so lang ist und sie sich ein Leben in der Nähe des Jobs nicht leisten können. Sie alle halten ihre Pappbecher mit Coke oder Kaffee oder Cold Brewed oder Limo gekonnt gerade, auch wenn ihnen schon vor zehn Minuten die Augen zugefallen sind. Pünktlich zu ihrer Station wachen sie auf, als hätten sie es geübt und die Bahn spuckt sie zurück in den Trubel dieser Stadt. Ab und an steigen Polizisten ein und grüßen und fahren mit und beobachten alle und meine Mutter findet das gut, weil sie eine Knarre am Bund stecken haben und ich finde es nicht gut, weil sie eine Knarre am Bund stecken haben. Von vollkommen sicher zu absoluter Unsicherheit ist es in dieser Stadt nur ein kleiner Schritt.

Neben der Brooklyn Bridge steht ein riesiger Sandstein-Palast der Zeugen Jehovas und meine Mutter fragt, warum, und ich sage, das sei eine sehr gute Frage. Wir stehen auf der Brooklyn Heights Promenade und schauen auf Manhattan. Auf diese berühmte Silhouette und schauen und schauen und können uns gar nicht satt sehen. Wie verrückt war das, muss das gewesen sein, wie verrückt wäre das, wenn du jetzt hier stehst und dann fliegt da ein Flugzeug, nein zwei, dann fliegen da zwei Flugzeuge rein und du siehst das alles und kannst es nicht begreifen. Ich will da gar nicht dran denken, sagt meine Mutter und trotzdem denkt man bei jedem Anblick dran. Unser Rückflug geht am 11. September.

In Williamsburg dann so etwas wie ein normales Leben, wie ein Leben, das man sich vorstellen könnte, vielleicht, in dieser Stadt, wenn man hier leben müsste. Eine junge Frau starrt mich an, als sie mir entgegenkommt und ich denke, nicht hier auch, bis jetzt hat doch auch sonst niemand geschaut, es gibt so viele andere, die noch viel verrückter aussehen als ich, bitte nicht schon wieder starren und dann lächelt sie nur und sagt, hey, I like your glasses. Und ich flüstere ein Thank you. Das ist ja toll, sagt meine Mutter, was mochte sie, deine Brille, ach so, das ist ja toll, wie nett die Leute sind, stell dir vor, das sagt jemand in Deutschland, einfach so, aus heiterem Himmel, man würde denken, es stimmt was nicht mit der. Die Häuser sind kleiner und der Geruch ist nur an den großen Straßenecken so stark, dass man ihn nicht lange aushält. Es gibt überall Gerichte mit Grünkohl, weil Grünkohl das aktuelle Hipstergemüse ist und das ist dann doch etwas heimelig.

Aber wir müssen zurück, zurück in die U-Bahn und nach Manhattan und noch so viel sehen und noch so viel essen. Nochmal die leckeren Nudeln vom Chinesen in der 57. oder doch lieber den Burger mit den Chilli-Fritten vom Broadway, der so praktisch neben dem Hotel liegt und bei dem man den Zuckerschock mit dem Oreo-Milchshake noch obendrauf bekommt. Und dann vielleicht noch ein bisschen Obst, dieses Plastikobst, das man nicht mehr schneiden muss, weil der Rest doch schon arg ungesund ist und man diese Schlemmerei ja irgendwie ausgleichen muss, zumindest ein bisschen. Schnell den Time Square fotografieren, weil man da war und den Sonnenuntergang und das Denkmal mit den herabfließenden Wasserbächen und den eingravierten Namen und dann doch noch einmal Gänsehaut.

Das MoMA hat doch heute Nachmittag freien Eintritt, schnell dahin. Bitte hier anstellen und dann geht alles doch ganz schnell und man ist in einer Masse von Menschen, die dieses eine Bild, du weißt schon, das mit der Nacht und den Sternen von diesem Typen mit dem Ohr, einmal im Original gesehen haben. Oben anfangen und nach unten durcharbeiten, sagt der Reiseführer und sage ich zu meiner Mutter, die mit Kunst ungefähr so viel anfangen kann wie ich mit Kochen. Es gibt zwei Kategorien, das eine ist schön und das andere nicht und was nicht schön ist, ist keine Kunst. Ich rede mir den Mund fusselig und erkläre, warum Pollock nicht schön, aber Kunst ist und was das Besondere ist und sie sagt, es sei ihr egal, einfach so, ist es ihr egal und ich denke, vielleicht muss man das so ansehen. Dann eine Konstruktion mit einem toten, aufgespannten Kaninchen und Holzbalken und ich lache und sage, schau nicht auf das Schild, rate, von wem das ist, rate, einfach so. Wie kann man denn ein totes Kaninchen so aufspannen, was soll das denn, sagt meine Mutter, das ist total bescheuert, das ist so bescheuert, dass es nur dieser Typ mit der Fettecke gemacht haben kann und ich sage, richtig, es geht doch, siehst du, das ist auch Kunst, Wiedererkennen und der Typ heißt Beuys. Es wird immer voller und ich zwischen all den Leuten, die die Gemälde und Skulpturen fotografieren, was ich nicht verstehe, weil man den Zauber auf den Handyfotos gar nicht spüren kann und ich zwischen all den Leuten mit dem Versuch, das Sehen zu üben und aufzunehmen. Und dann wird es doch zu viel und zu voll und nur noch schnell ein Bilderbuch gekauft als Erinnerung, ein kleines wegen des Gepäcks, aber eines von Frida Kahlo und dann wieder raus.

Und bevor der große Regen kommt, sitzen wir schon wieder im Taxi zum Flughafen und brauchen eineinhalb Stunden allein, um aus Manhattan rauszukommen. Aus diesem Viertel, in dem es viel zu viele Autos für viel zu wenig Straße gibt und in dem immer gehupt wird und eine Ampelschaltung nur eine Empfehlung zu sein scheint. Und als wir im Flugzeug sitzen und schon weit über dem Atlantik fliegen und uns die Augen dann doch zufallen, da geht es in New York einfach so weiter, einfach immer weiter, mit den Autos und den Menschen und dem Müll und den Fernsehern und dem Wahlkampf und dieser unfassbaren Lautstärke, die einfach überall zu sein scheint und gar nicht abzustellen ist. Einen Raum für Stille. Einen Raum, in den man ein oder zwei Stunden oder einen Tag gehen kann, um mal durchzuatmen, von dieser Stadt, die einen immer überholt, egal, wie schnell man läuft oder atmet, das wäre es. Bis dahin wird weiter gerast.

Ausweglose Tage

Status: ausweglose Tage

Ich weiß noch, dass es draußen grau war. Ein November oder Februar, einer dieser Monate, in denen die Tage ineinanderfließen und der Sonnenstand Uhrzeiten nur deuten lässt. Ich stand auf und humpelte die ersten drei Schritte vom Bett zur Schlafzimmertür. So ist das immer. Ich humpele mit gekrümmten Rücken als müsste mein Körper sich erst entfalten nach der Nacht. Als würde ich in einem Karton schlafen, praktisch zusammengeklappt. Dabei schlafe ich so normal wie man eben schlafen kann. Nur, dass mein Körper einrostet über Nacht. „Arthrose mit 25, also das muss man auch erstmal schaffen, hatte ich lange nicht, sowas, ganz kriegen wir sie nicht wieder hin, aber damit kann man leben, wir operieren erst einmal nur das eine Knie", diagnostizierte und befahl der Arzt vor sieben Jahren. Und dann operierten wir erst einmal nur das eine Knie.

In der Küche bin ich wieder beweglich und lege zwei Pads in die Maschine, Becher drunter, Knopf drücken, warten – ich bin ein Roboter, der einen Roboter bedient. Ich scrolle auf dem Handy durch den Instagram-Feed. Als wäre es wichtig zu wissen, was andere Menschen mit schönen Tattoos und Matcha-Latte zum Frühstück am anderen Ende der Welt online teilen. Dann klicke ich auf den Livestream meines Lieblingsradiosenders, auf dem gerade vom Bienensterben berichtet wird. Mit der Tasse in den Händen sitze ich am Küchentisch. Der hat schon meinen Eltern gehört – und dann in meiner WG-Küche gestanden. Später in meiner eigenen Wohnung und noch später in unserer ersten Wohnung und jetzt steht er hier – in dieser riesigen Altbauwohnung mit dieser riesigen Küche, die viel zu groß ist, um nur zwei Menschen zu beherbergen. In der ich gut recherchierte Aufreger-Artikel über den Wohnungswahnsinn lese und kleine rote Reclam-Hefte über neues Bauen in alten Städten und mich wohlig eingemummelt in meinen Privilegien darüber echauffiere, dass andere noch mehr für noch weniger bezahlen müssen. Hinter dem Fenster ist es grau. Es nieselt Nebel. Es ist melancholisch draußen. Ich knipse die Lichtdusche an, die seit einer Woche auf dem alten Eltern-Küchentisch steht. Dann starre ich ins Hell und muss an eine Todesmetapher denken, bis rund um meine Augen kleine regenbogenbunte Kreise flirren und ich mich an die Bedienungsanleitung erinnere, in der stand, dass man bitte nicht direkt ins Licht schauen soll. Wenn ich in einem dunklen Tunnel mit Licht am Ende bin und dann bitte nicht direkt ins Licht schauen soll, wo schaue ich denn dann hin?

„Bist du schon lange wach?" Du stehst in der Tür. Die Haare wild, durch den Käfer auf dem Oberarm zieht sich eine Kissenspur. Ich zucke mit den Schultern. „Einen Kaffee lang", sage ich. „Meinst du das ernst?" fragst du mit Blick auf den leuchtenden kleinen Kasten auf dem Tisch, während du das Wasser in der Kaffeemaschine nachfüllst. „Wieso nicht? Es soll helfen, die Laune zu heben, wenn man vor lauter Grau nicht mehr das Licht am Ende des Tunnels sieht." „Wenn du gleichzeitig was über tote Insekten hörst, hebt sich das vielleicht wieder auf." Du grinst.

„Kennst du Harald, den Außerirdischen?" fragst du, lauter als nötig, weil die Kaffeemaschine rumort. „Wen? Hast du wieder was geträumt?" „Harald, den Außerirdischen. Das ist ein Film, in dem Harald, der Außerirdische, auf die Erde kommt und nur überleben kann, wenn er genug Licht bekommt. Er rennt dann nachts von Straßenlaterne zu Straßenlaterne, stellt sich darunter und saugt das Licht ein – ungefähr so." Du stellst dich direkt vor die Lichtdusche, öffnest den Mund und machst Sauggeräusche. „Nicht direkt reinstarren", denke ich. „Nicht direkt reinstarren!", sage ich. „Ahhhh!" rufst du. „Jetzt habe ich wieder Energie!" Du nimmst die Kaffeetasse, trinkst einen Schluck, gehst ins Bad und, obwohl ich es nicht sehe, weiß ich, dass du sie jetzt auf die Waschmaschine stellst und dann direkt in die Dusche steigst. Weil das etwas ist, das mich seit dem ersten Tag in dieser Wohnung irre macht. Du trinkst einen heißen Schluck, vermutlich zu heiß, mir wäre er zu heiß, er ist ja gerade erst aus der Maschine gekommen. Das ist der einzig vernünftige Grund, Milch zu benutzen, um sie kalt in den Kaffee zu schütten, damit man ihn dann in trinkfertiger Temperatur zum Mund führen kann. Du aber schlürfst einen heißen Schluck, stellst die Tasse ab, trinkst dann nach dem Duschen noch drei zu kalte Schlucke und schüttest den Rest in den Abfluss. Wenn einer Lebensmittelverschwendung perfektioniert hat, dann bist du das. Ich verstehe, dass dieses sehr kleine Zeitfenster, es ist wirklich winzig klein, dieses Zeitfenster, in dem man Kaffee genussvoll trinken kann, dass dieses Zeitfenster schwierig für dich zu managen ist an einem stressigen Morgen. Aber warum nimmst du den Kaffee nicht mit? Oder trinkst später einen? Warum muss er immer auf der Waschmaschine stehen? Und dann auf der Geschirrspüle und ich nehme den Becher dann in die Hand und stelle ihn in den Geschirrspüler. Warum mache ich das? Warum lasse ich es nicht? Sollen sich die Becher doch ansammeln, wie sie da so stehen auf der Spüle. Irgendwann hast du keine mehr und vielleicht steht dann auch kein Kaffee mehr auf der Waschmaschine.

Du duschst. Ich stehe in der Tür und starre auf den Becher auf der Waschmaschine. Ich denke darüber nach, die Maschine anzustellen, nur damit etwas passiert. Etwas rausschwappt vielleicht, eine Spur hinterlässt. Eine Spur, in die du dann jeden Tag wieder deinen Becher stellen kannst. Wie eine Markierung, ein Parkplatz, ein Fußabdruck. „Die Packung ist jetzt alle", sage ich plötzlich. Du stellst das Wasser aus, schiebst den Vorhang zur Seite und schaust mich fragend an: „Welche Packung?" „Die Pille, meine Pille." Ich starre auf den Kaffeebecher. Aus deinen Haaren tropft Wasser. Der Kaffee in meiner Hand fühlt sich nur noch lauwarm an. Du greifst nach deinem Handtuch. „Hast du schon einen Termin für ein neues Rezept?", fragst du. Jetzt starre ich dich an. „Nein. Wir wollten doch vielleicht. Nein. Ich will dieses Zeug nicht mehr nehmen. Ich will. Ich... ich bin. Nein." „Kann ich mich erstmal anziehen?", stellst du fest.

Ich sitze auf dem Bett, den Kaffee immer noch in der Hand. Du streifst dein T-Shirt über. „Ich bin bald zu alt", sage ich. „Das ist Blödsinn", sagst du, „natürlich musst du diese Hormonbombe nicht nehmen. Aber dann müssen wir auf anderem Wege verhüten." „Es geht nicht um die Hormone. Es geht um ein Kind. Ein Baby. Ich will ein Baby." „Und wie soll dann alles werden?", fragst du, mit einer Socke in der Hand. „Wie stellst du dir das vor? Ich bin der große Versorger und du schaukelst ein Baby in deinen Armen?" Ich kippe die Tasse. Vielleicht schaffe ich es, nur einen kleinen Tropfen zu verschütten. Nur ganz wenig, kaum bemerkbar. Ich sitze auf deiner Seite des Bettes. Ganz langsam neige ich die Tasse zur Seite. Du lässt dich neben mich auf das Bett fallen. Ein großer Klecks hellbrauner Kaffee landet auf dem Laken und auf meinen Beinen. „Scheiße!", rufe ich und versuche, die überschüssige Flüssigkeit mit meinem Schlafshirt aufzusaugen. „Macht doch nichts", sagst du. „Ich stelle mir nichts vor", sage ich. „Ich will einfach. Ich will es so sehr." Vielleicht auch ohne dich, füge ich in Gedanken hinzu. Du träumst von Harald und ich von Babys. Ich habe das Gefühl, zu platzen, wenn ich eine Mutter im Supermarkt sehe. Am liebsten würde ich das Kind nehmen und rennen. Einfach weg und glücklich sein, mit diesem Kind, diesem Glück, das einer anderen vergönnt war, aber mir nicht.

„Lass uns noch Zeit", sagst du. Ich habe keine mehr, denke ich. Dafür nicht mehr. Der Kaffeefleck hat sich kreisrund ins Laken gefressen. Im ganzen Zimmer riecht es nach Sonntagmorgen. Ein flüchtiger Kuss. „Wir reden heute Abend darüber", sagst du und greifst nach dem Rucksack. Die Tür fällt ins Schloss. Ich stehe auf, drehe mich zu deiner Seite des Bettes und neige die

Tasse. Der kalte Kaffee fließt auf dein Laken. „Macht doch nichts", sage ich zu mir selbst und gehe ins Bad, um zu duschen.

Theoretisch eine Frühzünderin

Status: Bienchen und Blümchen.

In der Theorie war ich schon richtig früh richtig gut dabei. Ich wusste alles. Wo die Babys herkommen, wie sie entstehen und dass man sich dafür gar nicht mal so liebhaben muss, sondern alles auch aus Lust an der Lust passieren kann. Als ich sechs Jahre alt war, habe ich mir auf der Toilette Gedanken darüber gemacht, dass ein Kind vermutlich nicht da unten durchpassen würde. Meine Mutter beruhigte mich mit: „Keine Angst, das klappt immer." „Naja, Mama, ich bin ja durch deinen Bauch gekommen, ich hab also nicht gepasst und ich war klein!" Sie schaute mich belustigt an und sagte, dass ich durchaus gepasst hätte, aber mich leider nicht umdrehen wollte und die Ärzte deshalb ihren Bauch aufschneiden mussten. „Na, hätte ich auch echt eklig gefunden, wenn ich gewusst hätte, dass ich da durchgeflutscht bin."

In der Schule war ich die Beauftragte für sexuelle Aufklärung. Beziehungsweise meine Mutter. Jemanden anders gab es nicht. Tatsächlich hatte ich das erste Mal Sexualkunde als wir in der zehnten Klasse waren und wenn man ganz ehrlich ist, war das für die meisten von uns schon ziemlich spät. Die Unterrichtseinheit bestand daraus, herumzurätseln, wie und warum Frauen bluten und dies mit Binden und roten Filzstiften zu veranschaulichen – sehr zur Freude der Jungs, die die angemalte Binde quasi wie einen Feuerball durch den Klassenraum warfen. Danach war niemand von uns schlauer

– denn die einen bluteten eh schon und die anderen hatten gemalt und aufgeklärt sowieso nicht. Das erledigten die Bravo, Domian und meine Mutter. Immer, wenn jemand irgendwo etwas aufschnappte, was ihm spanisch vorkam, wurde mir davon berichtet. Ich lief dann nach Schulschluss nach Hause, wartete auf meinen Spaghetti-Teller und als meine Mutter wie üblich fragte: „Wie war's in der Schule?" Antwortete ich: „Gut, Mama, was ist eigentlich ein Quickie?" Und meine Mutter erklärte mir, was ein Quickie ist. Als ich irgendwann nach Natursekt fragte, schaute sie mich lange an und am nächsten Tag brachte sie mir von ihrer Frauenärztin eine dicke Broschüre mit, in der so viele Spielarten des Geschlechtsverkehrs beschrieben waren, dass ich es vermutlich nicht schaffen werde, diese bis zu meinem Lebensende alle durchzuprobieren. Meiner Mutter war nichts peinlich, wenn es um Sex und Liebe ging. Was mir damals fast schon ein bisschen unangenehm war, finde ich heute sehr cool. Sie hatte sich schnell abgewöhnt, die Worte Penis und Vulva mit einem Kichern zu verbinden. Überhaupt war sie in der Lage, diese Worte auszusprechen – ohne flüsternden Unterton oder infantiles Gegrinse.

Als mein Cousin in der Phase war, in der Jungs schamlos in jeder passenden und unpassenden Situation an ihrem Penis rumspielen – also ab 1,5 bis zum Tod, wurde er von meiner Tante immer ermahnt. Er solle aufhören, an seinem „Schniedelwutz" zu spielen. Ich weiß nicht, ob er ihn heute selbst immer noch so nennt, aber sollte ein erwachsener Mensch jemals in meiner Gegenwart von einem Schniedelwutz sprechen, müsste ich vermutlich als erstes an eine fiktive Kinderbuchfigur denken und nicht an das, was eigentlich gemeint ist. Bei den weiblichen Geschlechtsmerkmalen wird es ja nicht besser. „Mumu" klingt eher nach der Schwester des Kindes, das einst die grauen Herren bekämpft hat und nicht nach einem Organ, das wahnsinnig viel draufhat. Und obwohl diese Euphemismen so klingen, als hätten sich Werbeexperten auf Koks was Neues ausgedacht, lachen wir eher, wenn jemand Penis und Vulva sagt. Weil – hihi, das hat ja was mit Sex zu tun und Gespräche über Sex sind echt peinlich.

„Lachen ist ok", sagt der Mann immer, wenn er in seinem Biologieunterricht mit Sexualkunde anfängt. Alles ganz normal. „Aber nachdem wir gelacht haben, beschäftigen wir uns bitte mit dem Thema." Bei den jüngeren Schüler*innen verteilt er Blankozettelchen, auf denen sie alle Fragen stellen können, die sie schon immer mal stellen wollten, anonym und ohne dafür verurteilt zu werden. Und wenn er alle Fragen eingesammelt hat, kommt er nach Hause und überlegt sich pädagogisch wertvolle Antworten, damit wirklich alles im Rahmen der Unterrichtseinheit beantwortet wird. In diesen Fragen liegen so viele herzzerreißende Geschichten vergraben, dass einem ganz warm ums Herz wird, wenn man sie liest. „Wieso ist man erst sehr verliebt", steht dann da, „und wenn man mit der Person zusammen ist, dann nicht mehr?" Tja, das ist eine gute Frage, auf die es auch aus der Biologie keine Antwort gibt. Darüber gibt es Romane und diese alle zu lesen, erfordert mehr Zeit als man sich vorstellen kann. Wieso ist man erst verliebt und wenn man dann mit der Person zusammen ist, nicht mehr. Weil man dann merkt, dass diese Person unfähig ist, die Zahnpastatube zuzudrehen und dann ist's schnell aus mit der Liebe. Das wäre eine Antwort, die ich geben würde, aber zum Glück für alle Beteiligten bin ich Geschichtenerzählerin und nicht Lehrerin geworden.

Trotzdem wünsche ich mir, dass Menschen sich zumindest in Sachen Let's talk about Sex eine Scheibe bei meiner Mutter abschneiden. Wer aufgeklärt ist, kann für sich entscheiden, was sich gut anfühlt, was man sich wünscht und vor allem – was nicht. Wer aufgeklärt ist, macht die normalste Sache der Welt wirklich zu einer normalen Sache und nicht zu einer, bei der wir flüstern müssen, als hätten wir gerade jemanden ermordet anstatt sehr glücklich gemacht. Wenn ich an manche Geschichten aus Geburtsvorbereitungskursen denke, dann glaube ich, dass meine Generation wirklich nicht viel mehr als bunt bemalte Binden aus dem Sexualkundeunterricht mitgenommen hat. Umso besser, dass Menschen wie der Mann den Schniedelwutz zum Penis machen und Kindern ohne Scham erklären können, was man damit eigentlich noch so anfangen kann.

Hans fördert Hans

Status: Burn the patriarchy!

Am 19. Januar vor 100 Jahren durften Frauen in Deutschland das erste Mal wählen. Seit fast siebzig Jahren steht im Grundgesetz der Bundesrepublik Deutschland, Frauen und Männer seien gleichberechtigt. Seit dreizehn Jahren ist eine Frau Bundeskanzlerin. Hört sich doch alles ziemlich gut an, oder? Naja, fast.

In börsennotierten deutschen Unternehmen gibt es 2018 mehr Vorstandsmitglieder, die Thomas oder Michael heißen, als Frauen. In der Geschichte der Bundesrepublik gab es mehr beamtete Staatssekretäre, die Hans hießen als Frauen. Im Mai 2018 untersuchte die Allbright-Stiftung in einer Studie den Frauenanteil der DAX-30-Unternehmen und verglich ihn mit den 30 größten Konzernen anderer Länder – die Studie trug den Titel „Schlusslicht Deutschland". Die Frauenquote in den Vorständen betrug 12,1 Prozent.

Frauen machen deutlich häufiger Abitur als Männer, sie studieren genauso häufig wie Männer – und viel mehr von ihnen schaffen auch den Abschluss. Aber dann geht es ins Berufsleben. Und irgendwann – aua, aua, aua – ist da das, was wir die gläserne Decke nennen. Dieses dicke Ding, durch das man zwar durchgucken und den ganzen Thomas und Michaels fröhlich zuwinken kann, das man aber als Frau nur sehr selten zu durchbrechen schafft.

Als ich nach dem Studium ein Vorstellungsgespräch für ein Volontariat hatte, musste ich auf Krücken dorthin gehen. Durchgeplant wie ich bin, hatte ich für die OP den einen Monat zwischen Studium und Berufsstart ausgewählt. Statt wenigstens einmal nach dem Abitur meine Zeit zu genießen, war ich auf Erfolg gepolt und wollte bloß keine Zeit verplempern, in der ich auch produktiv hätte sein können. Und die erste Frage, die mir bei dem Gespräch gestellt wurde, lautete: „Wann können Sie wieder hohe Schuhe tragen?" Ich habe inzwischen ein bisschen mehr Ahnung vom Verlagswesen, aber auch ich habe in den letzten Jahren Menschen ohne hohe Schuhe in Büros gesehen – kaum zu glauben, aber wahr. Den Job habe ich trotzdem bekommen. Vielleicht, weil ich einfach gut war. Oder, weil ich mit meinen Krücken zumindest genug Mitleid erzeugen konnte.

Jahre später bewarb ich mich um einen anderen Job und drehte mich minutenlang mit meinem Gegenüber im Kreis. Das ist nicht wörtlich zu nehmen, denn hätten wir uns wirklich im Kreis gedreht, wäre das ein nettes Tänzchen gewesen und kein Balancieren um den heißen Brei. Ich war inzwischen älter als dreißig und musste lernen, dass es bei einer Bewerbung von Frauen nicht nur darauf ankommt, ob sie die Bedingungen der Stellenanzeige erfüllen können.

„Frau LaGrande, jetzt haben wir über so vieles gesprochen, aber ich will Sie ja auch privat besser kennenlernen. Leben Sie in einer Beziehung?"

„Äh. Ja?!"

„Wie schön! Und wo sehen Sie beide sich in fünf oder zehn Jahren?"

„In Hannover."

„Was?"

„Wir sehen uns in Hannover. Ich meine, der Mann ist Lehrer, da ist schon ein Schulwechsel fast unmöglich, vom Bundesland gar nicht zu reden."

„Nun ja, gut. So meinte ich das nicht ganz. Eher Ihre persönliche Entwicklung..."

„Ich denke, wir werden uns auf absehbare Zeit einen neuen Fernseher kaufen."

„Was?"

„Na, mit Apple TV und so, man muss nach der ganzen Arbeit ja auch mal entspannen, oder? Wie machen Sie das denn? Lieber Sauna?"

„Frau LaGrande, ich glaube, Sie verstehen nicht..."

„Doch, ich verstehe schon. Sie wollen wissen, wann ich Kinder kriegen will. Das sage ich Ihnen aber nicht, weil Ihre Frage unzulässig ist und Sie das außerdem nichts angeht."

Den Job habe ich dann übrigens nicht bekommen. Was ich in meinen ersten Berufsjahren gelernt habe? Am besten sollte ich immer hohe Schuhe tragen, aber dabei bitte darauf achten, dass sie auch nicht zu hoch sind, das könnte dann schon wieder zu sexy rüberkommen und sexy ist gleich unprofessionell ist gleich „die hat sich wahrscheinlich hochgeschlafen". Und ich muss mich entscheiden – zwischen Kindern und Karriere, denn beides geht nicht, weil ich dann immer für eines von beidem zu wenig Zeit habe und zweiteres sowieso nicht mehr möglich ist, weil mir niemand den Weg ebnet, wenn ich den halben Winter zuhause verbringe, weil das Kind wieder einen neuen Erreger aus der Kita mitgebracht hat.

Inzwischen bin ich selbstständig und Mutter. Ich habe alles über den Haufen geworfen. Ich frage mich selbst nicht, ob ich je wieder hohe Schuhe tragen werde – weil sie eh nicht so richtig gut zu Schlafanzug und fettigen Haaren passen. Ich muss auch mit mir selbst nicht über meine Fertilität diskutieren, denn in dem Augenblick, in dem ich damit anfange, tönt aus dem anderen Zimmer schon ein „Mama?!" Und das Beste: Ich bin meine eigene Geschäftsführerin. In meinem Vorstand ist die Frauenquote bei 100 Prozent und wir sind uns bei allen Entscheidungen sehr schnell einig.

Die Wochenzeitung DIE ZEIT hat just recherchiert, dass selbst in der Bundesregierung Frauen seit Jahren systematisch bei der Besetzung von leitenden Positionen benachteiligt werden. Die, die also von der Wirtschaft fordern, im Jahr 2018 anzukommen und der Hälfte der Bevölkerung auch die Hälfte – nein, Entschuldigung, ein lächerliches Drittel – der Macht zu geben, leben es selbst nicht vor. Angela Merkel erklärt der Jungen Union, dass es sich nicht nur im Privaten lohne, Frauen an Bord zu haben. Gute Anmerkung – ihre eigene Regierung hat allerdings herzlich wenig für Frauenförderung getan. Sie vertraut auf Freiwilligkeit. Wie gut diese Variante funktioniert, kann man sich in der Studie „Schlusslicht Deutschland" anschauen.

Die Quotenfrau zu sein, ist kein besonders schönes Gefühl. Weder im DAX-Unternehmen noch im öffentlichen Dienst noch auf den Kabarett-Bühnen dieser Bundesrepublik. Man wird besonders beobachtet und darf sich keinen Fehler erlauben. Die sind aber menschlich – obacht! nicht weiblich! – und passieren. Und dann heißt es natürlich: „Na, das war ja klar, die hat den Job doch eh nur bekommen, weil sie eine Frau ist. Nicht, weil sie es kann." Als würden verantwortungsvolle Aufgaben nach dem Losprinzip verteilt werden und nur, weil es eine Quote gibt, plötzlich alle anderen Anforderungen vergessen sein. Diese Frauen müssen sich doppelt und dreifach beweisen. Das ist beschissen. Aber wer stark genug dafür ist, kann Wege ebnen. Claudia Neumann ist die erste Frau, die im Fernsehen die Fußball-Weltmeisterschaft der Männer kommentiert hat. Keine Ahnung, ob Frau Neumann bei der Arbeit einen Teflon-Anzug trägt, aber vermutlich könnte sie heute ein Buch über alle Anfeindungen schreiben – mit eigenem Kapitel über Mutmaßungen darüber, wieso sie überhaupt jemals in diese Position gekommen sei. Sie macht es trotzdem. Und zeigt damit andere jungen Sportjournalistinnen, dass das auch für sie möglich sein kann.

Quotenfrau zu sein bedeutet nicht, einen Job qua Geschlecht bekommen zu haben. Es bedeutet, für einen Job qualifiziert zu sein und ihn verdient zu haben. Und nach Jahrhunderten voller Männerkarrieren endlich mal einen kleines Ass im Ärmel zu haben.

Wenn meine Mathelehrerin uns Hausaufgaben aufgab und hinzufügte, wir könnten gerne die letzte Aufgabe noch freiwillig rechnen – raten Sie mal, wie viele Leute diese Aufgabe am nächsten Tag tatsächlich gerechnet hatten. Richtig – der eine Freak, der heute Matheprofessor an der TU Braunschweig ist. Sonst niemand. Weil Freiwilligkeit so spannend ist wie Reiswaffeln ohne Salz. Das Problem bei freiwilliger Selbstverpflichtung – egal, ob in der Wirtschaft oder in der Bundesregierung – bleibt nämlich, dass sie nichts daran ändert, dass Hans lieber Hans fördert. Meg Ryan hat in einer ihrer Liebesschnulzen mal frustriert gesagt, alle Männer seien Arschlöcher und alle Arschlöcher kannten sich untereinander. Das ist nicht ganz richtig. Nicht alle sind Arschlöcher – aber sie kennen sich. Oder sie mögen zumindest genau den Typen, der sie selbst sind: männlich. Und deshalb fördern sie Männer. Das heißt umgekehrt übrigens nicht, dass Frauen Frauen fördern. Eine meiner alten Chefinnen erklärte mir mal, dass sie sich mit Mühe nach oben beißen musste und sie nicht wüsste, warum es eine andere leichter haben sollte. P.S.: Ein Vorbild ist sie trotzdem – eines das, auch wenn sie selbst Frauen nicht besonders fördert, laut Studien automatisch dafür sorgt, dass andere Frauen im Unternehmen eher befördert werden. Führungsebenen müssen diverser werden. Nicht nur, was Geschlecht angeht und nicht nur mit einer starren dreißig Prozent Regel. Das Ziel kann erst erreicht sein, wenn wir uns nicht mehr verwundert die Augen reiben würden, wenn auf dem Vorstandfoto eines DAX-Konzerns fünf Frauen und zwei Männer abgebildet wären.

Einmal tätscheln bringt Glück – und das nächste Mal eine Anzeige

Status: Rigoros rubbeln

„Was mache ich, wenn mich das nächste Mal jemand fotografiert, ohne dass ich das möchte?" fragt mich die junge Frau vor dem Hoteleingang. Es ist Himmelfahrt und damit jährliches Kleinwuchstreffen. Ich habe gerade den Eröffnungsvortrag gehalten und passe jetzt auf, dass das Kind beim Ausprobieren der kleinen Fahrräder nicht auf die Fresse legt – oder puste, wenn es schon längst zu spät ist. Die Frau steht vor mir und ich weiß genau, welche Gefühle in dieser Frage liegen. Was mache ich, wenn mich das nächste Mal jemand fotografiert, ohne dass ich das möchte? „Als mir das das erste Mal passiert ist, bewusst das erste Mal", erzähle ich ihr, „war ich sechzehn und auf der Tanzfläche des Jolly Joker in Braunschweig. Wie das Wort Tanzfläche schon vermuten lässt, wollte ich einfach nur tanzen und auf einmal sagte meine Freundin entsetzt, der Typ dahinten fotografiert dich gerade, glaube ich. Ich habe mich umgedreht und tatsächlich. Mit einem Handy, das man heute als Fossil bezeichnen würde, stand er da, lachte mit seinen Kumpels und fotografierte mich. Und ich weiß nicht, woher dieser Mut kam, aber ich ging auf den Typen zu und schlug mit einer Wucht, die sogar mich überrascht hat, das Handy zu Boden. Er schaute mich nur entsetzt an und stammelte sowas wie, ey, und ich blitzte ihn an und zischte, wenn du dich jetzt noch traust, dich darüber zu beschweren, haben wir zwei ein riesiges Problem. Und dann bin ich wieder gegangen." Die Frau, die mir die Frage gestellt hat, starrt mich an. „Bei den Preisen der heutigen Telefone, würde ich das auch nicht mehr machen", lache ich. Wir sind beide frustriert. Darüber, dass Menschen sich das Recht herausnehmen, uns ungefragt zu fotografieren – und diese Bilder teilweise sogar ins Netz zu stellen, unter einschlägigen Stichworten wie Liliputaner oder Zwerg. „Du kannst es nicht verhindern", sage ich, „du kannst die Leute höchstens fragen, warum sie das tun – manche sind dann schon allein von der Tatsache, dass du reden kannst, so überrascht, dass sie sich entschuldigen, manche sind aber auch einfach scheiße, so ist das im Leben." Mir selbst passiert diese Situation ungefähr alle paar Wochen mal. Zumindest so, dass ich es mitbekomme. Ganz oft habe ich dann keine Lust auf eine Auseinandersetzung. Und so schwirren irgendwo Fotos von mir herum, die einzig und allein dem Beweis dienen, einen kleinen Menschen gesehen zu haben.

Vor wenigen Wochen war ich auf dem Punk in Drublic Festival bei Faust. Endlich wieder Festival, ein Punkfestival mit gealterten Männern auf der Bühne und gealterten Festivalbesucher*innen vor der Bühne und ich, die richtig Bock hatte und dann doch wieder die Erfahrung machen musste, dass auch gealterte Festivalbesucher – und dieser Begriff ist bewusst nicht gegendert – keinen Maßstab für Respekt und Übergriffigkeiten haben. Während ich in der Menge stehe und nur der Musik lauschen will, gehen im Laufe des Abends vier Männer an mir vorbei, bleiben stehen und tätscheln mir liebevoll den Kopf. Danach grinsen sie und gehen weiter.

Ich komme mir vor wie der goldene Zwerg auf dem Gelände, der schon eine ganz glänzende Stelle an der Stirn hat, weil alle mal rubbeln wollen, um was vom Glück abhaben zu können.

Am Bratwurststand kommt einer vorbei und wuschelt mir so über den Kopf, dass er damit fast meine Mütze auf den Boden fegt – vielleicht ist er besonders un-glücklich. Und ich weiß, dass sich das immer völlig kurios anhört, wenn ich so etwas erzähle – aber die traurige Wahrheit ist, dass mir das auf fast jeder Massenveranstaltung mindestens drei Mal am Tag passiert. Oft wird mir auch unterstellt, dass ich einen verdammt traurigen Tag hätte, weil ich ja nichts sehen könne. Ich kann dann recht schnell unter Beweis stellen, dass ich in den letzten Stunden nicht von einer plötzlich Blindheit getroffen wurde und es mit Sicherheit auch noch größere Leute gäbe, die nicht mitbekommen, was auf der Bühne passiert.

Schöner Nebeneffekt von Smartphones – die Idioten, die alles wackelig und schrammelig mitfilmen, tun zwar sich selbst keinen Gefallen, aber mir, die fröhlich von unten auf den Bildschirm linst. Und nein, ich möchte wirklich nicht auf deine Schultern, wirklich nicht. Erstens wegen dieser Höhenangst und zweitens wegen dieses Sturzes 2006 von den Schultern eines betrunkenen 1,95 m Mannes, bei dem ich gerade noch Stuntfrau-mäßig abspringen konnte, als er einfach vornüberkippte. Und das sind nur die Erlebnisse, die ich habe, wenn man die ganzen unglücklichen Flirtversuche, bei denen ich immer sehr auffällig mit meinem Ehering herumwedele, mal außen vorlässt.

Ich bin jeden Tag Anwältin in eigener Sache. Manchmal mehr, manchmal weniger, aber ich habe nie die Möglichkeit, in einer Masse unterzugehen. Auch, wenn man mir das größentechnisch durchaus zutrauen würde – ich bin vielleicht nicht zu sehen, aber ich steche immer heraus. Immer muss ich mich erklären, für meine eigenen Rechte und den Respekt vor mir einstehen. Ich soll aufklären und Barrieren aufzeigen und für mich bist du gar nicht behindert als Kompliment sehen. Ich will nicht groß sein. Aber ich würde gerne mal mit 1,75 m Körpergröße auf ein Festival fahren und sonst nix. Einfach nur das. Dort sein und stehen, ohne dass fremde Leute mit mir anstoßen, meinen Kopf tätscheln oder Fotos von mir machen, als wäre ich die fucking Freiheitsstatue von Liliput. Bis 1996 gab es im Holidaypark in Rheinland-Pfalz ein Dorf mit kleinwüchsigen Menschen. Die Leute haben dort in kleinen Wohnwagen gelebt und die Besucher*innen des Freizeitparks konnten dort vorbeilaufen, in die Wagen reinschauen und sich mal anschauen, wie die kleinen Leute eben so leben. In einem Internet-Forum wird der Besuch des Parks empfohlen, weil man dort mal Kleinwüchsige in echt sehen kann – nur, Zitat, dass der Park auch ein Delfinarium hat, wo die Delfine gefangen sind, das wäre vielleicht nicht so gut. Wir haben jetzt 2019 und ich habe sehr oft das Gefühl, eine Attraktion in meinem eigenen Holidaypark namens Alltag zu sein.

Am zweiten Tag des Kleinwuchsforums stehe ich mit einer der Organisatorinnen auf dem Hof und sie erzählt, wie sich letztens im Supermarkt ein alter Herr darüber gefreut habe, endlich mal wieder einen „Liliputaner" zu sehen. Früher seien „Liliputaner" seine Spezialität gewesen – und man weiß nicht so genau, ob er von einer Mahlzeit, einem Besuch im Bordell oder einer Tätigkeit als Mediziner spricht – und nun habe er ewig niemanden mehr gesehen. Sie habe seinen Tag jetzt sehr schön gemacht.

Sie hat ihn reden lassen und sich gedacht, dass alle Aufklärung hier schon vor dem Eintritt ins Hörgerät versanden würde. Das ist ja auch ein Talent – Menschen einfach durch Anwesenheit glücklich zu machen.

Drei Handlungsanweisungen für den Festivalsommer – und die Zeit danach:

1. Nennt kleinwüchsige Menschen nicht Liliputaner. Nennt sie bei ihrem Namen.
2. Tätschelt ihnen nicht den Kopf, sondern werft lieber eine Münze in den verdreckten Brunnen am Lindener Markt – das bringt genauso viel.
3. Habt Respekt.

R-E-S-P-E-C-T

Status: Dieser Text ist als Antwort auf die Frage entstanden: „Brauchen wir heute noch Feminismus?". Die kurze Antwort lautet: „Ja." Die lange ist eine Verbeugung vor Aretha Franklin und geht so:

What you want
Baby, I got it
What you need
Do you know I got it
All I'm askin'
Is for a little respect

1

Spiegelblick.
Das ist also mein Körper. Hallo, Körper, hallo. Kurze Beine, verdrehte Knie, Platt-Senk-Spreiz- und Knick-Füße. Po und Vulva und Bauch und Brüste. Brüste. Erst waren da gar keine und dann zu viel. Meine Schwester, wie sie ins Bad kam und meine Mutter und mich ansah und sagte: „So große Titten möchte ich niemals haben." Hat sie nicht. Arme und ein Gesicht und Haare und zu wenig Hals vielleicht. Zu wenig Hals, um eine Ballerina zu sein, zu viel Hals aber, um nicht die mit dem propperen Gesicht zu sein. Die bin ich. Hallo, Körper, hallo.
Darf ich nochmal fragen, was an dir ist jetzt zu viel, was zu wenig? Ich komme immer durcheinander. Für was darf ich mich wohlfühlen, für was muss ich mich schä-men? Wann bin ich gut genug? Wann bin ich gut gera-

ten? Ach so, ach nie, ach nur EINE wird Germany's Next Topmodel und ich bin es nicht? Schade. Dabei passe gerade ich sehr gut in Team Diversity.

Auf Zeitschriften die perfekten Maße, im Fernsehen die perfekten Maße, an meiner Schwester die perfekten Maße. An mir alles ausgebeult. Ich bin ein Unfall. Ein Körper-Unfall. Überlebt, aber es sind Beulen geblieben. Zu klein, sehr klein, klein, aber oho. Du wirst auch noch jemanden finden, der zu dir passt. Soll ich dir mal meinen Kumpel vorstellen, der ist auch klein? Weil das die einzige Basis für eine Beziehung sein kann. Soll ich dir mal meinen Kumpel vorstellen, er ist auch ein Arschloch?

2

„Also, ich habe Abi gemacht und dann studiert, Sie wissen es ja und dann das Volontariat angefangen... warum nochmal muss ich jetzt hier Dinge aufzählen, die Sie meinem Lebenslauf entnehmen können?"

„Frau LaGrande, es geht ja darum, dass wir uns kennenlernen, also, und deshalb fragen wir, was Sie so gemacht haben – und ja, also, jetzt sind Sie ja 29 und was soll denn als nächstes passieren?"

„Als nächstes möchte ich diesen Job hier haben, DIESEN hier, über den wir uns noch nicht unterhalten, weil wir uns erst kennenlernen wollen."

„Jaja, dazu kommen wir noch, also, ich meine auch privat, was soll denn privat als nächstes bei Ihnen passieren?"

„McDonalds."

„Wie bitte?"

„Wenn ich hier fertig bin, löse ich meinen verfickten Dutt, ziehe die Sneaker an, die der einzige Inhalt meiner sehr schicken Handtasche sind, die ich nur habe, damit Sie mich für voll nehmen und dann gehe ich zu McDonalds und belohne mich für all diese Gespräche, die ich führen muss, um mit meiner Lohnarbeit meine Miete bezahlen zu können."

„Also. Ok. Also. Ja. Ich dachte auch an die Zukunft, Ihre Zukunft, wo sehen Sie sich in fünf Jahren, in welcher Situation?"

„Wissen Sie was? Klären wir das doch einfach. Sie wollen wissen, ob ich Kinder will, weil ich in diesem Alter bin, diesem Alter mit der Fertilität. Sie wollen das wissen, und ich sage es Ihnen nicht, ich werde Ihnen ins Gesicht lügen, weil ich gar nicht weiß, was passiert, ich kann es Ihnen nicht sagen, aber ich darf lügen, weil der Gesetzgeber das – Gott sei Dank – so vorsieht."

„Gut, also, gut, vielen Dank."

Es könnte alles so einfach sein.

3

Mutter, gute Mutter, beste Mutter, fürsorgliche Mutter, liebende Mutter, respektvolle Mutter, beschützende Mutter. Geliebte. Hausfrau. Geschäftsfrau. Tochter. Kollegin. Slammerin. Freundin. Zeithabende Freundin. Zuhörende Freundin. Sich meldende Freundin. Treue Freundin. Verständnisvolle Freundin. Verständnisvolle Partnerin. Verständnisvolle Nachbarin. Verständnisvolle Mutter.

Ich habe mich irgendwo verlaufen.

4

Ich, elf und auf dem Rückweg vom Balletttraining. Er älter, viel älter und seine Hand über meiner an der Haltestange der Straßenbahn. Ich verwirrt, ziehe, ziehe stärker, kann mich nicht entziehen. Herz schnell. Er ruhig. Schaut geradeaus. Schaut nicht mal runter. Greift fest zu. Ich mit dem Gedanken, dass er es vielleicht nicht merkt, meine Hand nicht spürt. Ich mit Schuld. Weil meine Hand dort liegt, wo seine liegen sollte. Weil ich Fehler gemacht habe. Dann die Tür, sie öffnet, mein Bahnsteig, mein Zuhause nur ein paar hundert Meter. Ich reiße, nehme meine Hand mit, springe, laufe schnell, schwitze, Bahn weg, Mann noch drin. Ich allein mit Tränen.

Auf der Straße rufen sie was. Mein Kleid zu kurz, mein Ausschnitt zu weit, meine Hotpants zu knapp, mein Haar zu lang, mein Ich zu sehr da, einfach da. Ich bin einfach da und damit schon zu viel. Zu provozierend.

Für eine Frau echt lustig, für eine Frau echt schlau, für eine Frau echt schlagfertig, für eine Frau echt abgeklärt. Für eine Frau nicht Frau genug.

5

Jetzt.
„Was an diesem Witz fandest du denn witzig?"
„Äh, wie bitte?"

„Dein Witz, was daran ist so witzig, ich habe ihn nicht verstanden."

„Na, dass die Frau, also, weil sie eine Frau ist, dass sie deshalb... ach, vergiss es, du bist einfach humorlos. Nichts darf man mehr sagen!! Nichts mehr, wegen euch humorlosen politicial correctness Leuten, nichts mehr! Du und dein Feminismus und all dieser Kram. Habt ihr nicht schon genug? Ist es nicht genug? Schau dich doch mal um, wie gut es euch allen geht, wie gut es dir geht! Jetzt muss ich mir schon anhören, dass ich ein alter, weißer Mann bin, jetzt muss ich mich schon beleidigen lassen!"

„Eine reine Zustandsbeschreibung ist schon eine Beleidigung für dich?"

„Jetzt werd nicht gleich hysterisch!!! Ich glaube, es hackt! Was soll nur aus der Welt werden mit Leuten wie dir? Sprachverbot, Redeverbot! Halt einfach deine Klappe!"

R-E-S-P-E-C-T
Find out what it means to me
R-E-S-P-E-C-T
Take care, TCB
Oh
A little respect

Danke <3!

Danke an meinen Mann – dafür, dass ich so viel über ihn erzählen darf (auch, wenn er immer besser bei wegkommt als ich) und für das klügste und tollste Kind der Welt.

Danke an Mama, Papa, Antonia, Tobi für Liebe, Unterstützung und Humor.

Danke an Tobi, Kersten und Johannes für die beste Lesebühne der Welt.

Danke an Amina, Caro, Denise, Svenja, Alex, Birthe, Laura, Meike für Austausch, Bier und alles.

Danke an Dominik für's Vertrauen, Patrick für das grandiose Cover und Julia für's Hübschmachen!

Im Blaulicht-Verlag erschienen:

Ninia LaGrande
… und ganz, ganz viele Doofe
Geschichten und Gedichte

ISBN 978-3-941552-30-2   Preis: 9,90 €

Meine allererste Frauenärztin sprach beim Abtasten:
"Ach, huch, Ihre Gebärmutter ist ja ganz klein!!" Ach
nee! Schau mich doch mal an! Ich bin insgesamt ganz
klein!

34 Geschichten und Gedichte über das Leben in Groß-
städten, Partys bei Landeiern, Besuchen bei der Frauenärztin und den Versuch, mit 140 Zentimetern geballter
Lebensgröße einfach ganz „normal" zu sein (Spoiler:
Klappt nicht!). Ninia LaGrande bespielt seit Jahren jede
Bühne im Poetry Slam und im Netz, die sie finden
kann. Und zwischendurch sitzt sie in der Straßenbahn,
twittert und denkt sich Geschichten über all die Menschen aus, die neben, vor oder hinter ihr sitzen. Dieser
Kurzgeschichtenband versammelt die besten ihrer Geschichten und Gedichte der letzten zehn Jahre – ein
Rundumschlag aus einer anderen Perspektive.

„Und bald fliegt sie!" (Mama)

„Ihre Brüste sind sehr schön." (Frauenärztin)